実戦での判断力がバツグンに身につく

ゴルフ脳トレ

年間220!! ラウンドレッスンNO.1プロの思考法

プロゴルファー
小野寺 誠

河出書房新社

はじめに

私はプロゴルファーとして自ら試合に挑戦すると同時に、アマチュアゴルファーへのレッスンにも長年力を入れてきました。

レッスンにおいては、スコアに直結する「実戦力」を身につけてもらうために、一緒にプレーしながら指導するラウンドレッスンがもっとも有効だと考え、**近年では年間２２０ラウンドものラウンドレッスンを行っています。**ラウンドレッスンは、傾斜やライなど練習場ではなかなか身につかない状況への対応を直接指導できることに加え、マネジメント力を養うのにも最高の指導方法です。

本書では、私がラウンドレッスンの現場で「こういうときはどうすればいいんですか？」と生徒によく聞かれるポイントを78項目ピックアップしました。

内容は、状況に応じた具体的な打ち方などの技術的なアドバイスもありますが、主軸は番手選択、狙いどころの設定などのマネジメントに置いています。なぜなら、**アマチュアがスコアを伸ばしたいなら、マネジメント力を高めることこそがもっとも有効**だからです。

アマチュアの多くは、ショット力に対してマネジメント力が低い傾向にあります。

トッププロが１００のショット力と１００のマネジメント力を備えているとしたら、ショット力が50くらいあるアマチュアでもマネジメント力は20～30程度という人が少なくないし、5～10程度のマネジメント力しか備えていない人もめずらしくありません。この部分を底上げできれば、技術はそのままでもスコアはすぐによくなります。

マネジメントというと、「お勉強」のようなイメージを持っている方が多いですし、「攻めずに安全策はつまらない」という先入観で敬遠する人も多いです。１２０叩いてもいいし、ボールを何個なくしてもいいから気楽に楽しくプレーしたいと思う人はそれでもいいでしょう。

しかし、**いいスコアを出したいならマネジメントの基本的な考え方は絶対に必要**です。

そして身についてみれば、決して消極的でもつまらなくもなく、「この程度のことも考えずにゴルフをしていたのか」と恥じ入る気持ちになるような「当たり前」のことばかりです。

本書では、各場面でアマチュアが考えがちな選択肢を３つずつ用意しましたので、みなさんは自分ならその場面でどれを選ぶかを想像しながら、ゲーム感覚で読み進めてください。読み終えたときには、自然と正しい判断を下すコツが必ず身についているはずです。

小野寺　誠

実戦での判断力がバツグンに身につく

ゴルフ脳トレ

目次

第2章 セカンドショット〜3打目

第3章 アプローチ

第4章 パット

第5章

ハザード、トラブル、ホールアウト後の練習

コレで
ラウンドでの判断力は
即身につく!!

ゴルフ脳トレ

第1章

スタート前
&ティショット

年間220ラウンドレッスンでよくきかれます

生徒さんからの質問

スタート前の練習場で絶対やるべきことってなんですか？

あなたの答えはココにありますか?

1 短い時間でバンバン打ってウォーミングアップ

スタート前はあくまでウォーミングアップ。
ドライバーを中心に、テンポよく打って、
しっかり体を温めることが大事!

2 4〜5本を時間をかけて素振りをまじえてじっくり

PWから始めて、7I、1Wを素振りをまじえてゆっくり
打って、最後に得意なUTを打って締め。

3 なるべく多くの番手を打っておく

コースでいざという場面で「初めて打つ」となって
焦らないように、スタート前にできるだけ多くの番手を
打っておきたいんです。

年間220ラウンドレッスンでの答え

練習でスライスばかり出たら あなたのスタートホールはスライサー確定!!

朝の練習場をウォーミングアップだからと考えて、初っ端からドライバーをバンバン打つのは感心しません。ウォーミングアップなら素振りで十分。汗をかくほど打ち込んで万全の暖機運転をする必要はないんです。

朝からあまりテンションを上げすぎると、序盤のゴルフが荒っぽくなって、逆に1日の流れを作りにくくなったりするものです。

スタート前の練習は、その日の自分の状態をチェックする「確認の場」です。今日の自分は右に行くのか、左に行くのか。厚く当たるのか薄めに当たるのか。素振りをまじえながら1球1球ていねいにスイングし、当たりと出球を確認しながら自分とじっくり向き合いましょう。

方向に不安がある人などはとくに、スタート前に「今日の傾向」を知ることが大事。足元にアライメントスティックを置いて今日はどっちを向きやすいかをチェックしておくなど、アドレスの確認はとくに入念に行うようにラウンドレッスンでは教えています。

このとき得た感触が、出だし数ホールをプレーするうえでの基本情報になります。当たりが薄くスライス傾向なら最初から少し左寄りを狙ってプレーしたり、距離のジャッジに少し余裕を持って迷ったときは1番手上のクラブを選ぶようにするといった判断材料にするというわけです。

1球ごとに素振りをして、ターゲットを確認し、ショットして、結果を判断したら1球あたり最低30~40秒はかかります。最初に軽いストレッチなどをして、番手を替えつつ25球打てば、30分近くかかるので、スタートの1時間前到着なら、1カゴ打てれば十分です。

使うクラブも、本数を絞ってＯＫ。事前に全番手打ったくらいで不安が解消されるなら、コースでミスする人なんていません。ドライバーとミドルアイアン、ＰＷくらいの３本に、自信がある得意のクラブか、ティアップせずに使う一番長いクラブあたりを加えた４本程度でいいでしょう。スタート前にイヤなイメージを残したくないので、苦手なクラブは打つ必要がありません。

目指せ! スマートラウンド

ホールごとのHDCPをチェックしよう

スコアカードには、ホールごとの難易度を示すハンディキャップ（HDCP）が1から18までついています。1が最難関で18が一番やさしいホール。全ホールを3ホールごとに区切って難易度をチェックし、3ホール1セットのなかでパーやボギーを計算できるホール、ボギーやダボでも仕方ないホールを想定してプレーしましょう。

年間220ラウンドレッスンでよくきかれます

生徒さんからの質問

朝のパッティング練習で必ずやっておくことってなんですか？

あなたの答えは ココ にありますか?

1 カップを渡り歩いて自分の感覚を磨きます

いろんな距離、さまざまなラインを、確認・調整しながらカップを渡り歩いて球を打ち、今日のパッティング感覚を磨きます。

2 長めの距離を打ってタッチを確認

いつもの振り幅でどのくらい転がるかを、まずは確認します。「速い」とか「遅い」とかグリーンの速さチェックが一番大切だといつも思っています。

3 短い距離を沈めてパットの自信をつける

長いのも大切ですが、スタート前にはカップインさせて気持ちよくコースに出るのが基本スタイルです。

カップインさせている暇があったら
その日のタッチ作りに専念すべし！

スタート前にパッティンググリーンに行くと、ボールを箱から3個出して、とりあえず空いているカップに向かって打ってみて、「入った」とか「惜しい」とか、「思ったより切れるな」とかやっている人は多いですよね。

しかも、やたらと切れるラインやすごい下りなどの10球中1回入るかどうかわからないような難しいラインで、3球目で「よっしゃ入った！」なんてやっていたりして。パターのゲームをやっているようで楽しそうですが、スタート前の貴重な時間に、そんなことをやって遊んでいる余裕があるんでしょうか？

こういうパター練習は、残念ながらほとんど意味はないと教えています。

朝のパッティンググリーンで必ずやっておいてほしいのは、その日のグリーンの確認とタッチのすり合わせです。

自分の基準となる振り幅でストロークしたときに、どのくらいボールが転がるか。スタンス幅にもよりますが、基準がスタンス内側の振り幅でボールが転がる距離が10歩ぶんだとしたら、もし12歩ぶん転がるならかなり速いグリーンなので、基準のタッチよりも2割くらい割り引いて考えないといけませんし、逆に9歩しか転がらないなら少し遅めで基準より1割くらい強めのタッチが必要になります。

パッティングというものは、タッチが合って初めてラインが決まります。

だからスタート前にまずタッチの基準を作っておかないと、前半9ホールくらいはタッチを探る作業に終始せざるを得ず、スコアメイクどころではありません。身に覚えがある読者は多いのではないでしょうか。この作業をきちんとやったとしても、それでもコースで「その日のタッチ」を確立するには時間がかかるんです。これは**朝のショット練習よりも優先順位の高いとても重要なルーティン**です。

ショートパットに不安がある人も、ただ短い距離をたくさん打ってカップに入れる練習をすればいいというわけではありません。

ショートパット＝方向性に不安がある人は、打つことよりも、スタンスにアライメントスティックを置いて構えた向きやボール位置を確認したり、フェースの向きを誰かに見てもらうなどして、**「真っすぐ構える」練習をしておくほうが効果的**です。

年間220ラウンドレッスンでよくきかれます

生徒さんからの質問

スタートホールのティイングエリア。まだ前の組がプレーしているけれど自分の打順を待つ間何をしていればいいんですか？

あなたの答えはココにありますか?

1 緊張で体がこわばらないように素振り、素振り!

朝イチのティショットは緊張するし体がうまく動かないことが多いから、打順が回ってくるまで素振りを繰り返して体をほぐします!

2 前の組のプレーを見てホールを確認

初めてのコースだし、前の組のプレーをよく見ておいて、風向きを確認したり、ティショットの狙いどころはどこがいいかをしっかり予習しておきます。

3 ティイングエリアの端でアドレスの再確認

狙ったところに真っすぐ立てるように、アドレスを再確認してスクエアをリセットしておきます。構えのリハーサルはしておきたいですね。

心を落ち着けるには ティショットのリハーサルが一番です！

スタート前のティイングエリア横での様子を見ていると、**その人の1日の過ごし方がうかがえて面白い**ですね。

まず、自分の打順がきてからポケットを探ってグローブを引っ張り出したり、ティペグをキャディバッグに探しに行くようなことだけはしないでください。自分がこれから行うプレーに対して段取りよく準備ができないような人は、マネジメントなんて絶対にできませんし、ショットだってリズムよくできません。ティを刺してから「あれ、このホールＯＢがあったっけ」と、ホールレイアウトの図を見に戻るなんていうのも論外です。早く頭の中を目覚めさせないとスタートでつまずき、1日のプレーが台なしになってしまいます。

アマチュアを見ていると、**やたらとビュンビュン素振りを繰り返している人も多いですが、これもちょっと考えもの**です。

もちろんウォーミングアップとしての素振りはある程度必要ですが、無闇にクラブを振り回して「よーし、飛ばすぞ！」なんていっている人はとくに、**打つ前から力む準備をしているようなもの**です。

もっとひどい人になると、ティイングエリア周辺の傾斜地で素振りをしていたりして、それじゃあスイングのバランスを崩すだけだよなんて思ってしまいます。もちろん、しっかりと意図があって「左に乗って振り切る」という意識を強調するためにわざと左足下がりで素振りをするならいいんですが……そんな人はほとんどいないでしょう。

素振りはほどほどにしておいて、**ぜひやっておいてほしいのがアドレスの予行演習です。**

練習場のマットの上と、実際のコースの芝の上では足の裏の感覚が違って違和感が出たりするもの。できれば「真っすぐ」をチェックできるスティックを置いたりしながら、体の前後左右のバランスも再確認し、構えのリハーサルをしておくと朝イチのティショットも安心です。

前の組のプレーをよく観察している人もいます。

風向きや狙いどころの確認も悪いとはいいませんが、**朝イチのティショットから細かいことばかり考えて狙いどころをシビアにしすぎてもいいことはありません。**ほかの組のミスを見て悪いイメージが生まれてしまうのもイヤですし、観察はほどほどにしておきましょう。

年間220ラウンドレッスンでよくきかれます

生徒さんからの質問

朝イチのティショット、狙いはどこに設定するものでしょうか？

あなたの答えはココにありますか？

1 フェアウェイセンター！吹き流しへ一直線！

朝イチだろうが最終ホールだろうが、狙いどころはもちろんベストポジション。フェアウェイ中央の吹き流しを狙ってフルスイングしか考えられません。

2 スライサーなので左のラフを狙って打ちます

スライスを見越して左のラフ狙い。曲がっても曲がらなくても2打目は打てるはずです。安全第一の自分の持ち球ですからね。

3 あまり細かく狙わない。フェアウェイの幅に行けばOK

朝から細かいことを考えても仕方ないです。あまりあれこれ考えずにフェアウェイを漠然と狙って、スイングに集中します。

朝からアクセル全開は事故の元。慣らし運転からスタートしよう

その日最初のティショットは、誰しも緊張します。多くのアマチュアが「当たるかな」という不安とともにスイングすると思います。これは程度の差こそあれ、プロでも一緒。だからこそスタート前に練習をし、入念な準備をしてティオフするわけですが、そういった準備をきちんとしたうえで、どういうメンタルでティショットに臨むかはとても重要です。

みなさんは朝イチのティショットにどんな結果を求め、どんなスタートをしたいですか？「最高の1発を出して幸先よくスタートしたい」と考えますか？　それとも謙虚に「とりあえずフェースに当たれば○K」と考えますか？

実は試合に臨むプロゴルファーの多くは「できるだけ静かにスタートしたい」と考えます。もちろんミスショットはイヤですが、極論すると最高のナイスショットもあまり出てほしくない。

なぜならスタートして数ホールというのは、その日の自分の本当の状態をまだ把握し切れていないなかでのプレーだからです。自動車のレースなどでも、タイヤの温まっていない1周目から

全開走行するレーサーはいません。そんななか、ベストラップが出てしまったらむしろ戸惑いますよね？　ゴルフもこれと同じなんです。もし最高のナイスショットが出てしまったら、それはスタートから無意識にアクセルを吹かしすぎているということ。「吹き流しまで一直線！」などという狙いは、完全に暴走状態です。だからといって、3つめの答えのように「序盤は慣らし」とあなどって無造作にプレーするのもNG。**朝イチは、自分と対話しながら、「想定内」の結果にうまく収まるような狙い方をすることが大事**なんです。

朝の練習場の状態がそのままコースでのパフォーマンスに直結するわけではありませんが、とりあえずの状態というのは探っているはずです。朝イチのティショットは、それをベースに、ある程度のミスを見越して狙いどころを設定しましょう。スライサーならフェアウェイ左端か、普段から曲がりが大きい人、朝の調子で球がつかまっていないと感じた人は左のラフ狙いでも構いません。そこに向かってナイスショットが出てもOK。大事なのは、想定どおりスライスしていい結果になることを期待するのではなく、スライスしても右のOBや林まで行かないような狙い方をすることです。フックする人ならもちろん考え方は逆になります。いずれにしても、**「2打目が打てるところに運ぶ」ことを最優先**に考えましょう。

年間220ラウンドレッスンでよくきかれます

生徒さんからの質問

パー5のティショットで注意点ってありますか？

あなたの答えは ココにありますか?

1 長いホールはできるだけ前に行くのが鉄則

パー5なので、ティショットはできるだけグリーンに近づけたいのが心情です。高めのティアップでしっかり振って距離を稼げば、そのあとがラクですよね。

2 どうせ2オンは無理なので3Wで安全に打つ

ドライバーが当たっても2オンは無理です。ですから、ここでドライバーを持つメリットはないので3Wで安全にティショットします。安全第一がゴルフです。

3 ドライバーを短く持ってフェアウェイキープ

2打目をフェアウェイから打てればベストなので、ドライバーを短めに持ってミート率を上げ、あとは気持ちよく振り抜きます。

最優先はフェアウェイキープ。フィニッシュに集中して振り切ろう

パー5というのは、少々長くても道中をそこそこ順調に進めば3打目はウェッジやショートアイアンで打てることが多く、アマチュアにとってもバーディが取れるチャンスのあるホールです。その反面、最低3回のショットのなかで1回でも大きなミスが出るとスコアを崩すリスクもあるので、あまり期待しすぎるのもいけません。

仮にショットの平均成功率が50%だとすると、パー3なら2回に1回はパーオンできますし、パー4でも25%ですが、3回連続ナイスショットが出る確率は12・5%になってしまいます。もちろんミスの度合いにもよりますし、途中でリカバリーできたり、ミス帳消しのナイスショットもあり得ますからこれはあくまでイメージですが、いずれにしても「そこそこのショットを3回続ける必要がある」という難しさは残ってしまいます。

だからこそパー5のティショットは安全第一。ティショットで大きなミスをすると、もうその時点でパーやバーディの可能性が消え、残りが「消化試合」になってしまいます。

とくに**2オンが望めない長いパー5なら、ティショットの飛距離が10～20Y飛んでも飛ばなくてもスコアに大きな影響はないんです。**飛ばそうとすれば曲げるリスクは増えるので、少しでもグリーンに近づけようなんて考えは言語道断です。

だからといって刻めばいいかというとそうともいえません。ロフトが少なくヘッドが小さい３Ｗは、決してやさしくないクラブ。３Ｗが得意というなら別ですが、多くのアマチュアにとって３Ｗはドライバーと比べて精度が高いとか安全とはいえません。

ＦＷやＵＴでフェアウェイに運べる自信があるなら、それでティショットするのもひとつの手ですが、その結果、３打目でミドルアイアン以上の距離が残るようなマネジメントになるのは、パー５の旨味を消してしまいます。

ですので、３Ｗを自信を持って打てる人以外は、ドライバーでのティショットを基本に考えましょう。ただし**振り回すことはせず、グリップを短く持って方向性を優先すること**です。

目指せ！スマートラウンド

最低限のルールの勉強をしておこう

普段競技に出ないからといって、ゴルフのルールに無頓着すぎるのはゴルファーとしていかがなものかと思います。普段から厳密に適用する必要はありませんが、救済処置の方法やアクシデントへの対処など、最低限のルールは勉強しておかないと、いざコンペに呼ばれたときや親しくない人とのラウンド時に恥をかきますよ！

年間220ラウンドレッスンでよくきかれます

生徒さんからの質問

ハーフのお昼休み後、バック9をうまくスタートする方法はありますか？

あなたの答えはココにありますか?

1 焦ってもいいことはないのでゆっくり

昼休みでひと息ついたあとは、慌てると後半のラウンドのリズムが悪くなるので、ゆっくり冷静にティイングエリアに向かいます。

2 ティオフ10分前に席を立ち、素振りで準備

午後も万全でスタートできるようにティオフの10分前には席を立ち、トイレに行って、ティイングエリアの横で素振りをして待ちます。

3 お昼は早々に切り上げパッティング練習

午前中のパッティングに不安があったときは、食事はサッサと済ませて必ず練習グリーンでパターの練習をしてきます!

食事中に体も足の裏も固まっている。そのままスタートしたら大ミスの元！

一般営業のコースでのお昼休みを挟むプレーでは、お昼の休憩時間は50分前後と意外と短く、食後にゆったりコーヒーなど飲んでいたら、もうスタート直前で慌てて10番ティへ……なんてことは多いのではないでしょうか。

本書でスコアアップを目指すみなさんは、まさかそんな気の抜けた行動を私が許すと思いますか？　後半も集中力を保ってプレーし、それなりのスコアを出したいと考えているのであれば、時間に余裕を持ってティイングエリア前に集合するのは当たり前です。

1つめの答えのように、「慌てたくないからゆっくり行く」のでは、逆にティイングエリアで慌てます。食事は多少急いでも、プレーの準備はゆっくり行いたいものです。

お昼休みは、休息になる一方で、デメリットも少なくありません。レストランのイスに30～40分も座りっぱなしでは、腰や背中などの筋肉が固まってしまうので、いきなり午後イチのショットをスムーズにスイングできるはずがないのです。

「いわれてみれば、午後イチはよく引っかけが出る」と思い当たりませんか？　これは体が回らずに手打ちになって出るミスの典型です。

2つめの回答のように、**最低でもティオフの10分前には席を立ち、ティイングエリア横で素振りをしてから午後イチのティショットに臨んでください。**素振りは左右に大きくゆったりと連続で振って、体をほぐすことが主目的です。

もし時間に余裕があるなら、パッティンググリーンで少しボールを転がせればベターです。ロングパットを中心に行い、タッチの再確認と併せて少しグリーン上を歩いて、足の裏の感覚を呼び戻しておくといいでしょう。

お昼休みの間に足の裏が固まってしまうと、体の動きのスムーズさを失うだけでなく、傾斜に対するセンサーも鈍ってしまい、ラインが読めなくなったり、傾斜地からのショットに問題が生じることが多々あるので、注意が必要です。

目指せ！スマートラウンド

スタンドバッグの持ち歩きは要注意！

最近クラブを数本入れて持ち歩けるスタンドバッグをよく見かけます。ショートゲーム用のクラブとパターなど数本を入れっぱなしにしてグリーン周りに持っていくのはOKですが、中身を入れ替えてショットに持っていくのはスロープレーにつながるので注意しましょう。また、芝の保護のため、グリーン上には絶対に置かないでください。

年間220ラウンドレッスンでよくきかれます

生徒さんからの質問

午後イチのティショット、どんな気持ち、狙いで臨めばいいですか？

あなたの答えはココにありますか？

1 無難にフェアウェイ中央狙い

前半のゴルフがイマイチだったので、
細かいことを考えずにフェアウェイセンターを狙って
気負わず普通に打っていきます。

2 スタートが肝心。景気づけにしっかり飛ばす！

前半よくなかったことはスッパリ忘れて、後半は
切り替えていきます。後半に勢いがつくように、
ここはちょっと飛ばしたいと思うのが常です。

3 前半のショットの調子が悪いときは、曲がることを前提で狙います

今日はちょっと球がつかまらないので、
球が大きく曲がっても凹まないように保険をかけて
最大曲がり幅を想定して打っていきます。

前半の教訓を忘れるなんてもったいない。忘れた時点でゲームオーバーです

前半のプレーは、ショットもスコアもイマイチだった。そんな日の後半スタート時に「前半のことは忘れて後半は頑張るぞ！」と気合いを入れている人をよく見かけますが、**お昼を食べたら別人に生まれ変われると期待するのはもっとも危険です。**

何の根拠もなく、後半から突然ショットがよくなると思っているならちょっと楽観的すぎますし、1つめの答えのように何も考えないで午後イチのショットを打ってしまうのは、せっかく探りながらプレーした前半をムダにする発想です。**午前中に得たデータは、後半こそ最大に活用してくださいとラウンドレッスンでは教えています。**

ましてや2つめの答えのように、前半がよくなかったことを「忘れる」なんてとんでもないことですし、休憩直後に「飛ばそう」などと欲張って大振りするのは厳禁です。

午前中、ショットの調子が悪かったのであれば、後半はその教訓を生かして狙うことが大事。スライスばかりしていたのならば左から、フックが多かったのなら右から、欲張ってフェアウェ

イばかりを見ず、ラフを向いたってＯＫです。「後半からは打ち方を変える」などと気負わず、前半同様の感覚でスイングしていくのが基本です。ただし、昼休みに前半を振り返って「当てにいっていた」とか「振りすぎていた」という教訓があるなら、それを生かして「最後まで振り切る」とか「バランスよくフィニッシュを取る」などという修正を入れていくのはアリ。とくに力感の面で不具合があったなら、後半の出だしでスイングのリミッターの再調整をしておくことは大事です。

　また後半開始に際して、前半の記憶をリセットするのはダメですが、**アドレスのリセットをしておくのは有効**です。ショットの調子が悪いときというのは、得てしてアドレスの向きや体とボールの位置関係にズレが生じているものです。

　たとえば足元にアライメントスティックやクラブを置いたり、カート道路の縁など直線があるところを活用してアドレスの向きを確認し、後半スタートの前にニュートラルに戻しておくのはとても有効です。

目指せ！スマートラウンド

使用ボールは同じものに統一しよう

　ゴルフボールを、セールで買ったりコンペでもらったものなど、いろいろなモデルを交ぜて使っている人がいますが、これは上達のためにはタブーです。飛距離特性やスピンの入り方などはボールによってさまざま。距離感がバラついたりパットのタッチが揃わなくなるので、同じボールを一定期間使い続けるようにしてください。

年間220ラウンドレッスンでよくきかれます

生徒さんからの質問

左右が広いホール、何も考えずにティショットしてもいい？

あなたの答えはココにありますか？

1 OBがないなら思い切って飛ばす！

左右が広くてOBの心配がないのだから、誰だって今日イチのショットを狙って飛ばしにいくのが普通ですよね。

2 曲がってもOKなので真ん中狙い！

せっかく広いホールで、少々曲がってもOBはなく安全なので、ど真ん中を狙って気持ちよくスイングします。

3 スイングを意識してフェアウェイの幅に運ぶ

こういう広いホールは気が緩むので、期待しているほどいいショットは出ません。スイングはいつものリズムを意識してていねいに打ちます。

広いホールは今日の調子を確認する絶好の機会

左右にOBや池のない広いホールは、曲がっても安心なのである程度飛距離を期待して振っていってもいいホールだと思います。

とはいえ1つめの答えのように、無茶振りしてバランスを崩すようなことはおすすめしませんし、仮にうまく当たっても力感が強くなって以後に悪影響が残るので、やりすぎは禁物です。

一方で**広いホールは「今日のドライバーショットのチェック」をする絶好のチャンス**でもあります。

朝の練習場でなんとなくチェックしておいた「今日の傾向」を、実戦のなかで確認できれば、ラウンド中に得られる経験値は非常に大きくなります。

元々曲がり幅が小さい人や左右どちらにも曲がるような人は、2つめの答えのようにフェアウェイセンターの吹き流しを狙って気持ちよくスイングし、どっちに打ち出してどっちに曲がるのかの確認をしておくというのが一番シンプルでしょう。

普段から球が曲がりがちな人は、真ん中を狙っても片方のサイドが無駄になるだけですので、スライサーなら左、フックの人なら右方向に狙いをズラしておくと、フェアウェイに残せる確率が上がります。

このとき、3つめの答えのように気持ちを引き締めて、飛ばしよりフェアウェイキープを優先するのもおすすめです。

ただしボールをフェアウェイに置きにいったりせずに、最後まで振り切るスイングをするようにしてください。自分がノープレッシャーで気持ちよく振ったときにどんな球が出るのかが、今日の基準になるからです。

自分のスイングを理解していて自分の傾向をよく知っている上級者であれば、チェックポイントを意識しながら、それが結果にどう影響するかを見るのももちろんアリですよ。

目指せ！スマートラウンド

ティアップの位置を変えると景色が変わる

ティアップを、いつもティイングエリアの真ん中に無造作にしていませんか？ ティイングエリアの左端にティアップした場合と右端にティアップした場合では、構えたときの景色が大きく変わります。これでショットのプレッシャーを大きく軽減できる場合も多いので、ティアップする前に右と左から景色を見比べてみましょう。

年間220ラウンドレッスンでよくきかれます

生徒さんからの質問

狭いホールのティショット、何に気をつければいいですか？

あなたの答えはココにありますか？

1 気にせずいつもどおりに打つのが基本

狭くたって広くたって、ショットの結果は変わらないんです。気にせずに普段どおり打つことが一番大事です。狭いことを気にすればするほど萎縮するものです。

2 OB以外はOKだと思って、コースの全幅の真ん中を狙います

フェアウェイじゃなくても仕方ありません。左右のOBの内側全部をコースだと思って、その幅の真ん中を狙います。そのほうが広く感じてプレッシャー激減です。

3 番手を下げて刻むしかないです

どう打ってもOBになる結果しかイメージできないので、ここは諦めてアイアンでティショットします。

ゴルフはメンタルなので間違いないです。

フェアウェイだけを見ていてはダメ!!
コース全体の幅を考えよう

左右にＯＢや池などがあってティショットの落としどころが狭いホールは、アマチュアがスコアを崩す最大の難所です。

ですが圧迫感のあるティイングエリアからの景色にだまされずに、一度冷静になってください。見えているフェアウェイやラフ以外、全部がダメなんてホールはありませんよね。レイアウトをよく見ると、林の中に入れてもＯＢまではまだ幅があって意外にセーフゾーンが広かったり、左の池の圧迫感はあるけれど実は右のＯＢが浅かったりというように、必ずしも見えている景色の印象そのままの難しさではないケースも多いはずです。

しかも狭い＝難しいホールと考えれば、ティショットをフェアウェイに打ってパーを取るという「最高の結果」を期待するのは贅沢というもの。池やＯＢでさえなければ、林の中でもＯＫだと割り切れれば、普段どおり打って多少曲げ、出すのに1打費やしたとしても、及第点の結果は得られると生徒さんたちには教えています。

このとき大事なのは、**狙いをシビアにしすぎたり結果ばかり考えてスイングを萎縮させないこと。**いつもどおりのスイングをするために、リズムを重視し、バランスよくフィニッシュを取ることに集中すると、自ずといい結果が得られるはずです。

実際にＯＢや池が近くにあって安全圏が狭い場合は、まず結果の許容範囲を広げ、「絶対ＮＧ」以外のゾーン全体を狙うようにしましょう。ＯＢより内側全部をＯＫと考え、その全幅の真ん中をターゲットにするんです。その狙いがラフでもバンカーになってもＯＫ。極論、林の中だっていいんです。そうすれば曲がってもＯＢにはなりません。

景色の圧迫感に負けたのなら、それを受け入れ、諦めて刻むというのは賢い判断です。

ただし「じゃあ３Ｗ」などとちょっとだけ番手を下げる欲張りなことは考えず、絶対に安心してティショットが打てるところまで番手を下げてください。７番アイアンだって、ＰＷだっていいんです。ほんの20〜30Ｙを欲張ってＯＢするより絶対安全です。

目指せ！スマートラウンド

打球の行方が球を見なくてもわかるようになろう

ミスショット時などに、自分の球がどこに飛んだかわからなくなってしまう人は、力みなどでスイング中にクラブの重さやフェースの向き、打点などが感じられなくなっています。スイング中は、自分の体のセンサーを働かせ、どんな軌道で振っていて、フェースのどこにどう当たったかを感じられる状態を保つことが大事です。

年間220ラウンドレッスンでよくきかれます

生徒さんからの質問

長いパー3のティショット、どう打てばスコアがまとまりますか？

あなたの答えはココにありますか？

1 NGゾーンを決めてその反対に打ちます

あわよくばパーオンとは思いますが、
入れたくないバンカーやOBなどだけは避けて、
ピンは絶対狙いません。

2 パー4だと思って2オン狙いが安全です

UT以上を持つような場合は、乗る確率が低いので
距離は関係なく得意な番手で打って、
2打目のアプローチで確実に乗せるようにします。

3 エッジまで届けばOKなので、極力小さい番手で打ちます

ピンまでの距離は打たず、エッジまでを狙いにして
1〜2番手下げて安全なクラブで打ちます。

ピンまで打つのは難しくても エッジまでならハードルが下がる

長いパー3にくると、みなさん「どうせ乗らないよ〜」なんてボヤきながらも、ピンまでの距離でＦＷやＵＴを持って大振りして、大きなミスショットになるケースも少なくありません。乗せる気満々でミスをして、深いバンカーやＯＢに打ったりして大叩き。「どうせ乗らない」と自分でいうのなら、せめてそれ前提の攻め方をすればいいのに、と思います。

ナイスショットすれば届かないわけではないという欲望だけで行動して、その10発に1発も出ないナイスショットに期待するのは、あまりにも残念な判断です。

10発に1発のナイスショットに期待するのは、今後の上達に悪いことではありませんが、せめて**ミスしたときの保険はかけてください。**右がＯＢなら絶対左サイドに打つ。右手前にＯＢがあるならしっかりつかまえて大きめに打つ。ピンばかり見るのはさすがに無謀です。

なお長い番手では、左右への曲がり以上に打点のミス、つまり距離によるミスが出やすいので、とくに手前にはハザードがないラインを狙って、バンカー越えなどは避けてください。

それができる腕前がないなら、パー4とまではいいませんが、「2ショットパー3」、つまり2オン1パットを基準に戦略を立てるのが正解です。そのためには、1打目を得意な番手で打つ、2打目に得意な距離を残す、どちらの判断でもOK。いずれにしても、**いかに2打目をやさしく安全に打てるかに全力を注いでください。**

もう1つの選択肢として、**エッジまでの距離を打つというのは、とても有効**です。

ピン位置にもよりますが、グリーンエッジまでの距離でいいなら1~2番手、場合によっては3番手小さい番手で届かせられます。ピンまでなら5番アイアンが必要なところを、エッジまでなら8番アイアンで打てるのなら、精神的にも技術的にも、ずいぶんハードルが下がるはずです。うまく当たって乗ってくれれば、長いパットが残るとはいえ次はパターが使えますから、あわよくば2パットのパー。3パットでもボギー。乗らなくても、エッジからの比較的やさしい転がしのアプローチで勝負できます。

目指せ!
スマートラウンド

フライヤーはヘッドスピードが速いほど起こる

ラフから打つと、フェースとボールの間に芝が挟まってバックスピン量が減ります。多くの場合、これは飛距離が落ちる方向に作用しますが、一定の条件が揃って打ち出し角が高いままスピンが減ると、爆発的に飛ぶことがあります。このようなフライヤー現象は、ヘッドスピードが速くロフトが多いクラブほど起こりやすいので注意しましょう。

年間220ラウンドレッスンでよくきかれます

生徒さんからの質問

短いホールのティショット、どう狙えばいいのですか？

あなたの答えはココにありますか?

1 せっかく短いのだからドライバーでかっ飛ばす!

ドライバーが当たれば、2打目の距離は短くなって有利ということは誰でも普通に考えます。頑張って距離を稼ぎます。

2 2打目を得意な番手で打てるように逆算します

1オンできるわけでもないし、中途半端な距離が残っても難しくなります。2打目を得意な番手で打てるように1打目の距離を考えれば成功確率アップです。

3 半分の距離を打つ番手で2回打ちます

トータル距離の半分の距離を打てば、次も同じ番手で打てます。ミドルアイアン2回なら、ミスする確率も低くて、スイングリズムも同じだから安全だと思います。

トータル距離の半分に20Yプラスして打ってみよう

短いパー4がチャンスなのは、「攻め方の選択肢が増える」からです。

もちろんティショットをドライバーで打って距離を稼ぎ、ウェッジやショートアイアンなど、精度が高い、球が止められる番手でグリーンが狙える状況が作れれば有利です。

しかし、そのためにティショットを失敗したら台なしです。残り１００Ｙを切るところまで運べたとしても、林の中だったりバンカーでは、チャンスとはいえません。

別の有効な選択肢として、２打目を得意な番手で打てるようにティショットの距離を調節することがあります。ウェッジで半端な距離をコントロールショットするよりも、得意な９番アイアンのフルショットのほうが確率が高い場合も多いでしょう。

もう１つ、ホールの総距離を二等分して、同じ番手を２回使って打つという発想もあります。

このとき、**ティショットを「半分プラス20Y」の番手で打つ**と、ティショットの当たりが薄かったり少し曲げても次も大きな番手を持たずにすむので安心です。

コレで
ラウンドでの判断力は
即身につく!!

ゴルフ脳トレ

第2章

セカンドショット〜3打目

年間220ラウンドレッスンでよくきかれます

生徒さんからの質問

最初のグリーン狙いで うまくいく方法はありますか?

あなたの答えはココにありますか?

1 ピンまでピッタリの距離を打ちます

ピン位置までとりあえず届く番手のクラブで、
ピンまでの距離をしっかり打っていきます!
これが普通の攻め方だと思います。

2 ピン位置に関係なくセンターまでの距離を

どんなところにピンが切られていても、グリーンセンター狙いが大叩きしにくいと思っています。

まずは乗せることから考えます。

3 まだエンジンが温まっていないので大きめで打つ

最初からピンまでピッタリの距離なんて打てないと思っています。体が動きにくく距離も落ちるので大きめに打ちます。

ピン位置はどこだろうと関係ない。センターまでの距離をしっかり打つ！

その日最初のグリーンを狙うショット。朝イチのティショットと同じくらい入念に準備して臨むべきですが、狙い方も同じです。

まだ体は温まっていないし、今日のアイアンショットの傾向もつかめていないのに、あまりにも積極的な狙いはとても危険です。

先ほどもいいましたが、**最初のホールはいかに「静かに」プレーできるかが大事。**

プロゴルファーなら2オン2パット。ストレスのないパーパットを打って、ゆるやかにスタートしたいのです。アマチュアなら腕前によってそれがボギーでもダボでもＯＫです。

だから、**朝から無闇にピンをデッドに狙っていくのは避けましょう。**最優先は「ピンに寄せる」ことではなく「グリーンに乗せる」ことです。

たとえば手前のピンをデッドに狙ったとき、うまく打てればベタピンの可能性は高まりますが、ちょっとショートすればピンに近い難しいアプローチが残ります。ここでバタバタしてしまうのは今日一日のリズムに悪い影響を残します。

朝イチのアイアンショットは、ピンの位置にかかわらず「グリーンセンター」狙いが鉄則です。これなら多少距離が合わなかったり少々曲がっても、グリーン上にボールが残る確率が上がります。

グリーンセンターを狙った結果、2打目がピンの近くに止まればバーディやパーになりますし、ピンから遠いところに乗ったのであれば3パットだっていいのです。パープレーを狙うならともかく、ボギーペース、ダボペースの人なら3パットのボギーでも上等ということです。「3パット」という言葉に引っぱられて、ボギーというそこそこの結果を悲観する必要はありません。

ここで大事なのは、センターまでの距離を把握して、その距離を打つということ。ピンまでの距離をベースに、「大きめで」と漠然と番手を上げて打つのとは全然意味が違います。

目指せ！ スマートラウンド

池とOB どっちがよいか割り切ろう

右がOB左が池、というような狭くて逃げ場がないホールというのも存在します。しかし冷静になってペナルティの重さを考えれば、OBよりも池のほうが前に進めるわけですから、「池に入れても仕方ない」と割り切る勇気も必要です。「どっちも入れたくない」と中途半端なまま打ってOBするのは一番ミスになりやすいので注意しましょう。

年間220ラウンドレッスンでよくきかれます

生徒さんからの質問

ナイスショットの後、2打目のミスがよく出ます。これ直りますか？

あなたの答えはココにありますか?

1 1打目のいいイメージが残っているうちにすぐに打つ

せっかく1打目がいいショットだったので、そのイメージが消えないうちに同じ感覚でスイングしたい。そのためにも間を置かずに2打目も打ちます!

2 クラブで芝をこするように素振りをします

ドライバーと違って芝の上から打つショットなので、ていねいに地面とヘッドの距離感をつかみながら素振りをします。

3 とにかくグリーンに近づくことだけ考えて打ちます

いろいろ考えすぎるとミスしそうなので、なるべくグリーンのそばまで行けるようにとだけ考えます。

「地面の上のボールを打つ」ことに頭を切り替えるよう教えています

ティショットがナイスショットだったからといって、2打目も同じ感覚でナイスショットしようというのは注意力が足りません。

そもそもティショットはティアップされた空中の球を打ったわけですが、2打目はいいライとはいえ地面の上の球。これを同じ物差しで考えてはいけないんです。こういう根拠のない自信に基づいてプレーしている人は、たまたまいい結果が続いているうちはいいですが、いざミスが出ると修正方法の見当がつかなくなって、バタバタとゴルフが崩壊していく姿が目に浮かびます。

肝に銘じなければいけないのは、**芝の上から打つショットは、ティショット以上に慎重にならなければならない**ということです。

ティアップした球は軌道や打点の多少のズレは許容範囲でも、芝の上にあるボールはそうはいきません。軌道の最下点をしっかり見極めて、ていねいにショットする必要があります。

その意味でも、**スロープレーにならない範囲でていねいにアドレスを再確認し、大きくゆった**

りとしたイメージの素振りをしてからショットに臨みたいです。

大きな素振りは深呼吸と同じ。余計な力みを取ってスムーズなスイングを促してくれます。

この素振りの際には、**ヘッドが地面を擦る感覚を確認します。**「空中」を振ったティショットから感覚をリセットし、ヘッドがしっかり地面に届いているかを確認しましょう。

スイングについてあれこれ考えすぎるとミスしそうだから、余計な悩みを捨てて無心で打つことを心がけたいという気持ちもわからないではないですが、このデリケートな場面を無事に乗り切るためには楽観的すぎます。気をつけるべき点は気をつけてショットに臨まないと、つまらないミスをしてつまずくスタートになりかねません。

混乱しないためにも注意点は1つだけに絞りつつも、そこは忘れずに頭の中にとどめておいて、ていねいにショットすることを心がけましょう。

目指せ!
スマートラウンド

アゲンストが吹いているときは打ち急ぎに注意

強い風、とくにアゲンストの風が吹いているときは、スイング中に体がグラつく感じがして、早く結果を見るあまり打ち急ぎ、切り返しのリズムが速くなって大きなミスが出がちです。そこで強風時は、スイングが速くならないようにとくに注意しましょう。逆光のときなども同様です。

ボールに〝届かせる〟素振り

朝イチのアイアンショットは、**ダフリよりもトップするという人が圧倒的に多い**と思います。これはまだ体が温まっていないため、体が起き上がりヘッドをボールまで「届かせる」ことができないのが理由です。ドライバーはティアップしていて空中を振るので多少「届かない」スイングでも大きなミスになりませんが、アイアンの場合はトップになってしまいます。

これを防ぐには、**ちゃんと「ボールに届いている」インパクトの形をイメージした素振りをすることが大事**です。まずはアドレスからインパクトの形を作ってみて、「ここまで届かせるぞ」と体に言い聞かせる。

そして**「イチ、ニ」の2拍子のリズムで素振り**をしましょう。バックスイングで「イチ」、フィニッシュで「ニ」です。「届かない」人は、振ることよりも当てることに意識がいっていて、フィニッシュまでちゃんと体が回っていません。「ニ」のフィニッシュまでしっかり回り切ることを意識した素振りをすることで、これを防げます。

また、バックスイングで体が浮き上がってしまうと、ダウンスイングでボールにヘッドを届かせられなくなります。普段からトップしがちな人は、少し沈み込むような意識でバックスイングしましょう。そのくらいの感覚でやっとレベルな回転に近づけます。

“届かせる” イメージ作り

“届いている” インパクトの形を作ろう

まだ体が温まっていない状態では、体が回らずに手で合わせる動きが出やすい。その結果、体や手元が浮いてヘッドがボールに「届かない」インパクトになる。まずはしっかりヘッドがボールに届いているインパクトの形を作ろう。

“届かせる” 素振り

「イチ、ニ」のリズムでフィニッシュまで振り切る

「届かない」のは、フォロー方向への回転不足。バックスイングで「イチ」、フィニッシュで「ニ」になる2拍子のリズムで、フィニッシュまで振り切る素振りをしよう。バックスイングでは少し沈み込むくらいの意識でOK。

年間220ラウンドレッスンでよくきかれます

生徒さんからの質問

ティショットをミスして残り距離がある場合の対応を教えてください

あなたの答えはココにありますか?

1 3Wでできるだけグリーンの近くまで飛ばす

とにかくドライバーのミスを取り返すには、これしかありません。まずは飛距離を稼ぐことしか考えません。

2 残り距離を2で割って同じクラブを2回打つ

同じクラブを2回使えば、慣れもあるのでミスしにくいと思います。「計算高い」とよくいわれます。

3 長いクラブのなかで一番自信のあるクラブで打つのが基本

UTや短めのウッド、5番アイアンのなかで
得意なクラブを選択して打つのが安全だと思います。

トラブルの後は絶対ナイスショットしたい。ストレスなく打てるクラブを持たなきゃダメ

距離の長いホールで、ティショットを失敗してしまったときのことを想像してください。ライはいいけれど、距離的にはここから何で打っても2オンが不可能なときは、3オン戦略に切り替えざるを得ない状況になります。

アマチュアは、ここで「ライがいいからとりあえず飛ばそう」と3Wを持つ人がとても多いですが、これは大叩きの第一歩。難しい3Wのロングショットを2打目に持ってくるということは、すでに「3打目勝負」ではなく「2打目勝負」に挑んでいるからです。

しかも**ティショットをミスした人が、いきなり芝の上から3Wでナイスショットできると思っていることは注意力がなさすぎ**です。つまり、かなり低確率のギャンブルを2打目で仕掛けているのです。

これが「FWが超得意」というような裏付けがあるなら話は別ですが、ミスした後にこういう判断をする人はほとんどの場合、ミスショットして「3打目勝負」のチャンスを2打目にして失

い、ダボ以下になる確率が大きく増えてしまいます。

ここで**残りの距離を2等分して考えられる人は、プレー巧者**です。いいライからミドルアイアン以下の番手、しかもフェアウェイの幅に収めればＯＫというショットなら、ほぼストレスなく打てるはず。ティショットでミスをした後に、やさしいアイアンをうまく打っていいリズムに切り替えるというのは、とてもいい方法です。しかも2打目をうまく打てれば、3打目もすでにリハーサル済みのショットを同じように打てばいいのですから、成功の確率も上がります。

さすがに3打目はもう少し短い距離で打ちたいという人は、2打目をＵＴやショートウッドなどの**「得意な番手」で打つのもいい方法**です。気持ちよく１７０～１８０Ｙ運んでおいて3打目が残り１００Ｙ前後。2打目でつまずかなければ3打目に集中してエネルギーを注げます。これが本当の「3打目勝負」。その意味でも、ＵＴやショートウッドに1本、「得意なクラブ」を作っておくとゴルフがラクになります。

目指せ！スマートラウンド

曲げたらとりあえず「フォアー」の声

ショットを大きく曲げたときは、ボールの行き先に人が見えていてもいなくても、「フォアー」のかけ声を出す習慣をつけましょう。隣のホールのプレーヤーやカートが、木や斜面に隠れて見えないケースもあります。事故防止には「フォアー」の声は絶対に欠かせませんので、「大丈夫だろう」と思っても怠らずに発声しましょう。

つま先上がりからＵＴで〝運ぶ〟

つま先上がりの傾斜地は、右プッシュのミスも出やすいし、想定外の大ダフリなどもしやすい密かな危険ライ。こんなライからは距離ピッタリの番手を持ってフルスイングをすると、大きなミスになりやすいので注意が必要です。

こういったライで有効なのが、**ＵＴでコンパクトにスイングしてグリーン周りまでボールを運ぶように打つテクニック。** 普段１８０Ｙくらい打つＵＴで１５０〜１６０Ｙくらい、ライナー性の球で大きなミスがなく打てる技術なので、ぜひ身につけておいてほしいですね。

ポイントは絶対に大振りしないことと、払い打つイメージを持つこと。 横振りのイメージになると引っかけそうで怖がる人がいますが、それは手先の動きによってフェースの開閉が大きくなるからです。コンパクトに振ってミートを心がけることで、つま先上がりからでも曲がり幅を抑えて目標まで直線的に狙うことができます。

つま先上がりのライはボールと体の距離が合わせにくいので、クラブを短く持つのは絶対条件。そしてそのライからでもバランスを崩さない範囲の振り幅でスイングしましょう。傾斜が急なほどバランスを崩さずにスイングできる振り幅は小さくなりますが、それ以上振ろうとするのはミスの始まり。「どこまで振れるか」を、事前に素振りでチェックすることが大事です。

ＵＴでコンパクトに振って“運ぶ”スイング

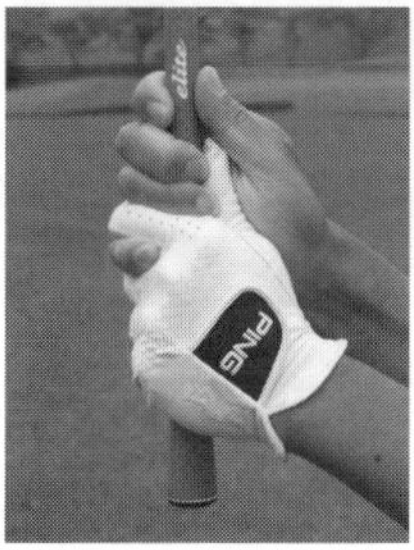

アイアンで届く距離でもUTを短く持ってコンパクトに振ることで、曲がりを抑えてグリーン周りにボールを運べる。グリップを短く持って、距離は普段の8割くらいのイメージ。手首の動きを抑え、横振りで払い打とう。

バランスを崩さない振り幅を素振りで確認

フィニッシュでバランスが崩れてしまう振り幅にならないように注意する。ライナー性の当たりでボールをグリーン周りまで運べばOK。

年間220ラウンドレッスンでよくきかれます

生徒さんからの質問

サービスパー5で2オンが狙えそう。挑戦するべきでしょうか？

あなたの答えはココにありますか？

1 もちろん3Wでイーグル狙い！

3Wが当たればピンまで届く距離なら、
ピンを狙って3Wで飛ばしていきます。

2 バンカーがイヤなのでアイアンで刻む

グリーン周りのバンカーは、ペナルティエリアだと
思って届かないクラブで刻みます。

3 5Wで届いてくれたらラッキー

得意の5Wなら、手前のバンカーは確実に越えるので
グリーンまで届く可能性を期待して打ちます。

「最高の結果でイーグル」よりも「ミスしなければバーディチャンス」と考える

短いパー5でティショットがいい当たりをして距離が出て、しかもボールはフェアウェイ真ん中のベストライ。これは今世紀最大のチャンスが巡ってきたかもしれません。でもこの「おいしい」状況をどう生かすかにゴルフ脳のレベルが表れます。

３Ｗでナイスショットすれば乗る距離ならば、ここはチャレンジ！ と誰もが考えるでしょう。しかし、**ティアップせずに芝の上から打つ3Wはアマチュアにとって一番難しいクラブ**ですし、意外とトータルの距離に対してキャリーが出ていない場合が多いんです。もしグリーンの手前に難度の高いバンカーがある状況だと、３Ｗを持って当たりが薄ければ、このバンカーに入れてしまうと、パーどころかボギーも厳しくなるでしょう。

２つめの答えのように、バンカーに絶対に入らないようにアイアンで刻むというのも1つの方法です。**ウッドやバンカーが苦手な人ならこれが一番大叩きのリスクが少ない**ですし、３打目さえうまく打てればバーディの可能性はまだ十分にあります。ただし、その３打目が得意ではない距離に残ってしまう場合には、決して「バーディが計算できる」とまではいえません。

そこで考慮に入れてほしいのが**「ピンには届かなくてもグリーンには届く番手」**という選択肢。たとえば5WやUTなど、バンカーはキャリーで越える比較的自信のある番手でのショットです。

結果的にピンまで届かなくても十分「ナイスオン」ですし、もし乗らなくてもグリーン付近まで運べているので、寄せワンのバーディの可能性も残ります。グリーンへの落ち方次第では、意外に転がってイーグルチャンスまで届く可能性も期待できます。

こういう「おいしい」状況は、「最高の結果を出せばイーグルのチャンスがある」かもしれませんが、それよりも**「大きなミスさえなければ確実にパー、あわよくばバーディの可能性がある」と考えることが大事。**前者の発想には大叩きのリスクをはらんでいるということを知り、「おいしい」状況を生かせるゴルファーになってください。

目指せ！スマートラウンド

標高が高い高原のコースは1番手飛ぶ

高地にあるコースは、気圧が低いため普段よりもボールが飛びます。標高が1000メートルを超えるようなコースなら、1番手くらい飛距離が伸びるイメージです。とくにドライバーは、低スピンのような弾道で飛距離が伸びる印象があります。これはいいことばかりではなく、グリーンを狙うショットの距離感が難しいので注意が必要です。

年間220ラウンドレッスンでよくきかれます

生徒さんからの質問

曲げた後の2打目、つま先上がりのショット。届いちゃうかもしれないけどどうしようかな？

あなたの答えはココにありますか？

1 2オンのチャンスがあるので狙います！

当たれば2打で届く可能性があるし、傾斜の度合いも小さければ、ここは一番飛ばせる3Wで思い切ってグリーンを狙っていきます！

2 左に行きそうなので右を向いてコンパクトに

つま先上がりは左に行きやすいので、ちょっと右を向いて構えて、FWかUTでコンパクトに振って3打目勝負にかけます。

3 3Wを短く持ってライナーを打ちます

ある程度は距離を稼ぎたいので、3Wを短く持って、残り100Y地点あたりをライナーで直線的に狙っていきます。

つま先上がりのライから フックすると思ったら大間違い

たしかにナイスショットすれば届く距離かもしれませんが、ここから3Wを振り回すというのは、「ナイスショットすれば」という確率の低いショットに期待を持ちすぎです。しかもアマチュアにはつま先上がりを苦手としている人が意外と多く、侮れないライです。1つめの選択肢を選ぶ人はマネジメントの基本を見直す必要があります。

一方で、安全策を採っているようで意外と陥りやすいのが、「つま先上がりだから右を向こう」と考えて右にプッシュするミス。

たしかに物理的にはつま先上がりはフックしやすいライですが、みなさん自分の記憶を紐解《ひもと》いて、ティショットをスライスさせてコース右の斜面に行った後、フックしたせいで左にミスした経験ってどのくらいありますか？　右の斜面からさらに右にミスした経験のほうが多いのではないでしょうか。少なくとも私の生徒さんたちはそうです。

目標を左に見ながらのつま先上がりのライというのは、どうしてもターゲットよりも右を向きやすい。そこで修正しようと左を向けば、左を向くほど傾斜の度合は少なくなっても、構えてみると「フックしそうだから右を向く」というのは構えがバラバラになりやすく、結果的には右を向きすぎてミスをしている可能性が高いんです。

スイング的にも、ボールが自分の足元よりも高いところにあるのでアッパー気味になりやすいうえ、「フック」を前提としたインサイド・アウト気味のスイングをしたら、だいたいの場合、ボールは右に飛び出しやすくなります。そこから運よくフックすればよいですが、さらに右に曲がると大きなトラブルの原因となります。

こういうミスをする人の多くは、「前に運ぶだけ」と口ではいいつつも、イメージを通常のナイスショットの弾道から修正できていないことに原因があります。つま先上がりのライから、きれいなドローボールが出るようなイメージを持っていませんか？

こういう場合は、まず**弾道の高さのイメージをリセットし、低いけれども直進性の高いボールを打つことを考えてください。**つま先上がりのライなら、目指すフェアウェイに対しては打ち下ろしているケースが多いですから、球の高さなんて不要です。３Ｗのようなロフトの少ないクラブを短く持ち、ライナー性の球で前に進むことを考えましょう。

ＦＷのライナーで前へ進める

傾斜地などのライが悪い状況で、フルスイングはできないけれどある程度距離を出したいという場面はあると思います。

欲張らずにアイアンを持つという選択肢もありますが、アイアンを持ったからといって大振りしたのではショット確率が下がってしまうのと、かといってさらに抑えて打ったのでは距離が出ずに次の1打に長い距離が残ってしまいます。

こういう場面は、**ＦＷで振り幅を抑えつつライナー性の球を打ち、ちゃんとボールを前に運ぶショットが一番有効**です。１００点満点のショットは必要なく、60〜70点のショットを確実に実行することが大切です。ちょっとイヤなライからミスの少ないスイングで１８０〜２００Ｙくらい運べれば、最高といっていいのではないでしょうか。

ポイントは、クラブを短く持ってスタンスを狭め、ボールを前に運ぶイメージでバランスよくスイングすることです。バックスイング４に対してフォロー６くらいのイメージで、フォローを低く長く出しましょう。

キレイな球を打とうとしてはいけません。ＦＷの立ったロフトを生かしてライナーを打つ感覚でボールを前に飛ばしてみましょう。

ADDRESS

大振りせず、コンパクトなトップからアーリーリリース気味にダウンスイングし、ボールを横からとらえる。フォローを低く長く出し、しっかり左に乗って振り切ろう。

素振り

低く長いフォローからフィニッシュまで振る

バックスイングせず、インパクトから左足前までソールで芝をこするようにヘッドを出し、そこからフィニッシュまで大きなフォローで振り切る素振りをしよう。

年間220ラウンドレッスンでよくきかれます

生徒さんからの質問

グリーン端にピン、すぐ近くにバンカー。どこを狙って、どう打てばいいですか？

あなたの答えはココにありますか?

1 いつもどおりピンを狙って打つのが当たり前

バンカーを避けようとしても入るときは入る。
ピンを狙って打っておけばなんとかなるでしょう。
真っすぐ行けばラッキー。

2 センターを狙ってスイングに集中

ピンばかり見ていたら絶対ダメ。グリーンセンターを狙って、プッシュしたり引っかけが出ないようにしっかりスイングします。

3 バンカーが怖いから逆サイドを狙います

バンカーに入れたら大叩きもある。反対側に外してもバンカー内でバタバタやるよりはまし。

グリーンのバンカーから遠い半分を狙います。

乗る確率が低いと思うなら ピンと反対側を狙うのも賢い攻め方

ライはいいけれど、ピン位置はグリーン端でそのすぐ横に深いバンカーが。このバンカーに入れたら大叩きしか想像できません。

１つめの答えのように、何も考えずにピンを狙うと、難しいバンカーに入れてダボ、トリという結果になるのは目に見えています。うまくいったとしてもそれはただのラッキー。

ショットに自信がない人は、無理にピンを狙う必要はありません。２つめの答えのように、グリーンセンターを狙っておいて、多少ズレてもＯＫという狙い方が賢いでしょう。

ただしセンターを狙っておいてさらに「球をつかまえよう」とか「少し逃がしめで」などというようにショットに二重の保険をかけるのはおすすめしません。狙い方でちゃんとハザードを避けているのに、スイングにまで余計なことを考えると体がスムーズに動かないうえ、うまくいってもピンから球が離れていくような結果になってしまいます。

しかしバンカーが怖いという意識が強いと、グリーンの真ん中を狙っているのにさらに逃げてプッシュや引っかけが出るリスクもあります。自分のミスの傾向を省みたときに、そういう逆球が出がちな人は、別の狙い方をするといいかもしれません。

それは**あえてグリーンのピンと反対側のサイドを狙う方法**です。これなら逆球が出てもバンカーまで行く心配はなく、逃げすぎてグリーンを外してもピンの反対側。こちらからのアプローチなら、球を止める必要もなくランを使えるので、寄せられる確率はかなり高いはず。悪くても1チップ2パットでのボギーくらいは計算できるはずです。

残り距離が長く、長い番手が必要でそもそも乗る確率が低い場面や、平均スコアで100を切れない人などは、「あわよくば」と欲張らずに、このくらいのリスクマネジメントをしてプレーするほうが絶対にスコアはまとまります。

目指せ！スマートラウンド

向かい風は強振するほど飛ばなくなる

風がアゲンストのホールは、普通に打つと飛距離が出ないのでついつい強振して飛ばしたくなりますが、それは逆効果。強振してインパクトが強くなるとバックスピン量が増え、風に弱い球になります。アゲンストのときほど、クラブを短く持って「やさしく」スイングしたほうが、球が低くなりスピンが減ってトータルでは飛ぶんです。

絶対スコアアップ!!! LESSON 4

〝一方通行〟の打ち方を覚えよう

右へは絶対に行かせない、左に絶対行かせない。この2つのことを確実に実行できれば、マネジメントはかなりレベルアップします。

入門編としては、まず**必ず狙った打ち出し方向にボールを飛ばせる技術を身につけることをおすすめします。**右が絶対にイヤなら、左に打ち出して左に曲がりやすい球を打つ。左が絶対にイヤなら、右に打ち出して右に曲がりやすい球を打つ。これが鉄板です。

やり方は簡単です。必ず左に飛ぶ球を打つには、フェースは目標を向けたまま右を向いて構えて、スタンスなりにスイングすること。反対に必ず右に飛ぶ球を打つには、フェースを目標に向けたまま左を向き、スタンスなりにスイングすることです。こうすることで軌道に対して必ずフェースが左右を向いた状態で当たるので、ボールは狙ったラインに飛びやすくなります。

ポイントは、ボールを中心に回り込むようにスタンスの向きを変えること。そしてグリップの握りを変えてフェースを目標方向に向けること。この構えさえきちんと作ることができれば、球を曲げるのは簡単です。ただし、スイングはスタンスなりに振ることが肝心です。多少目標に引っぱられても、曲がりが大きくなるだけで逆方向のＮＧゾーンには行きませんが、普段から練習場でこういった練習をして慣れておきましょう。

右に行かせない＝左に飛ばす打ち方

フェースを目標に向けたまま、ボールを中心に時計回りに回り込んで右を向く。そしてスタンスなりにスイング。ターゲットよりも左に打ち出しやすい。

左に行かせない＝右に飛ばす打ち方

フェースを目標に向けたまま、ボールを中心に反時計回りに回り込む。そしてスタンスなりにスイングすれば、ターゲットよりも右に打ち出しやすい。

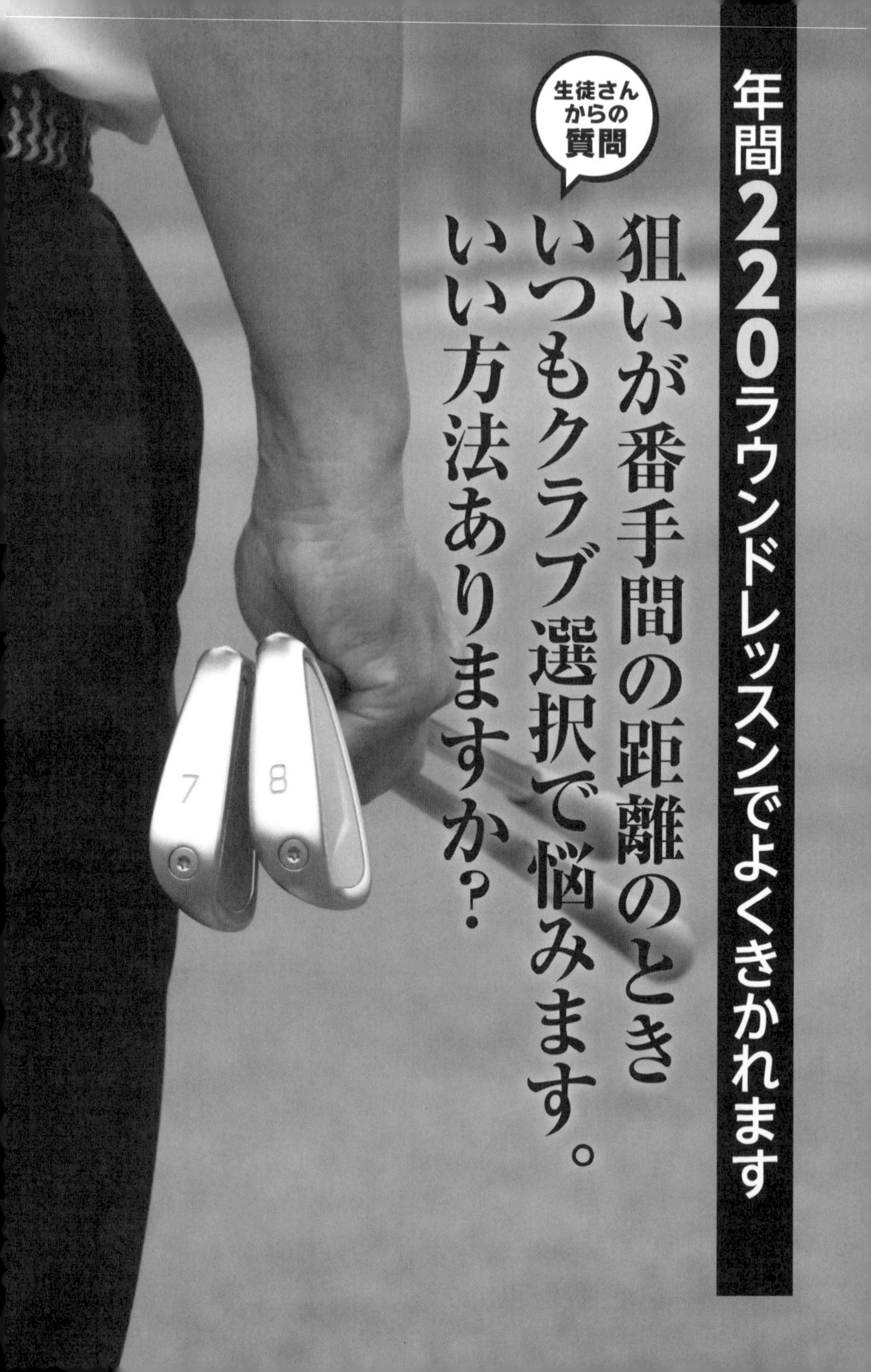

年間220ラウンドレッスンでよくきかれます

生徒さんからの質問

狙いが番手間の距離のとき
いつもクラブ選択で悩みます。
いい方法ありますか？

あなたの答えはココにありますか？

1 余計なことを考えず、小さい番手で普通にスイング

ピンをオーバーするよりは手前に乗せておきたいので、
下の番手で普通に打ちます。奥につけるとだいたい
下りのパットが残って大変ですから。

2 余計なことを考えず、大きい番手で普通に打ちます

ちょっと大きめですが、いつもオーバーよりショート
することが多いので、大きめの番手で
普通に打つのが安全だと思います。

3 力みたくないので大きい番手を軽めに振ります

距離で悩んでいるときはいろいろ考えて
力みそうなので、大きめの番手をちょっと抑えて
軽めに打っていきます。

大きい番手でナイスショットしてもグリーンオーバーするわけじゃない

番手間の距離、いわゆるビトゥイーンクラブのショットというのはイヤなものです。

しかしまず**大前提として考えてほしいのが、「ピッタリの距離」を打つ必要があるのかという点。**仮にピン位置がグリーンセンター、番手間の距離の差が10Yだとすると、小さい番手で打っても大きい番手で打ってもグリーンには乗るわけですし、ナイスショットさえすればどちらの番手でもピンから前後5Yにつくんです。そう考えれば、「5Y」を調節しようとしてスイングを小細工して、ミスの確率が上がるのは得策とはいえません。

この「5Y」は、難度の高いグリーンでより安全な場所につける必要がある場合、もしくはバーディを計算したゴルフが求められるHC0前後の人限定の話です。みなさんの平均スコアや腕前は、その「5Y」を求めるレベルにありますか？

ですからこの状況で、普通のアマチュアに「大きい番手で軽く」などと**小細工をするメリットはハッキリいってありません。**「軽め」というイメージは「ゆるみ」にもつながるミスの大きな要因。3つめの答えは百害あって一利なし。NGです。

となると小さい番手か大きい番手のいずれかで「普通に」打つ、1か2の答えが賢い選択ですが、どちらを選ぶかは風やグリーン周りの状況から判断しましょう。基本的には手前がいいか奥がいいかという判断になりますが、距離や高低差、風などのジャッジさえ間違っていなければ、大きい番手でナイスショットしたからといって、グリーンをオーバーするということはないはずです。むしろ当たりが薄くてショートする可能性のほうが大きいですから、**「ナイスでピン手前、薄いと届かない」小さい番手よりも、「ナイスでもピン奥、薄くても届く」大きい番手のほうが、グリーンオンの確率は高い**といえます。

ある程度の腕前があれば、長いものをゆったり振るほうが得意な人は大きい番手で、短いものをシャープに振るほうが得意な人は小さい番手でという判断もありますが、この問いに「自分はどっちだろう?」と悩むレベルの人は、大きい番手で普通に打ちましょう。

**目指せ!
スマートラウンド**

レーザー計測器でピン以外の距離も測ろう

レーザータイプの距離計測器が競技ゴルファーを中心に広く普及するようになりましたが、あれでピンまでの距離しか測らないのはもったいない。池やバンカーの縁までの距離や、邪魔な木までの距離、グリーン面が見えるなら手前のエッジや奥のエッジまでの距離など、もっといろいろなものを測ってマネジメントに生かしましょう。

年間220ラウンドレッスンでよくきかれます

生徒さんからの質問

強いアゲンストでのアイアン、どんな球を打てばいいの？

あなたの答えはココにありますか？

1

1番手上げて普通に打つしか考えません

どう打っても距離は落ちると思うし、
余計なことをしようとしてもミスしそうなので、
素直に番手を上げるのが普通ですよね。

2

やりすぎかもしれないけど、2番手アップします

1番手だと不安なので、余裕を持って2番手アップして
普通のスイングで打ちます。

3

1番手上げて、ボールを右に置いて低めの球を打ちます

1番手アップしますが、それでも風に負けないように、
ボール位置を右寄りにして低めの強い球を打ちます。

風に勝とうとするのがミスの始まり。ちゃんと「負け切る」狙い方をしよう

風が強いとき、とくにアゲンストの状況は距離が読みにくい。だからプロは球の高さを抑えたり、スピンの少ない球を打つなどいろいろなワザを駆使して、グリーンを攻めます。

でもアマチュアに強くいいたいのは**「風に勝とうと思うな！」**ということです。自然の力をねじ伏せてボールをどうにかしようなんて、無理な話です。

だから基本的には「風に負けない球」を打とうとするような小細工をせず、**風に負けるぶんの距離を見込んで、素直に番手を上げて打つことが大前提**です。

アイアンショット、とくにショートアイアン以下では、弾道の高さから、風の影響はみなさんが思っているよりも大きい。だから**「風が強いな」と感じるような場合は、1番手くらい上げたところであまり差が出ません。最低でも2番手、ときには3番手以上上げる勇気が必要**です。アゲンストに押された球は、最後は真下に落ちるような弾道になるので、「番手を上げても球が止まってくれる」と喜んでもいいくらいです。

でも、番手を上げたのに「心配だからちょっとボール位置も右に」というように、**二重の保険をかけるのはダメ。**ショートやオーバーした場合の結果の判断もしにくくなりますし、何より頭の中が複雑になってミスの原因になります。**考え方としては風に「負け切る」ことが大事**です。

だからこそ、狙いどころに関しては普段よりもさらに奥行きのあるエリアをイメージしましょう。もし手前にバンカーがあるなら、さらに1番手上げて「奥でもＯＫ」と思って打つ。「意外と飛んじゃったら……」という妄想にとらわれず、ちゃんと風に負けることを前提に狙ってください。

この考え方は、横風など風向きが違っていても基本的には全部同じ。風に勝とうとしないで、風に負けることを前提に大きめの曲がりを想定しておきましょう。

あえていうならフォローの場合は「思ったよりも飛ばない」ことは多いですが、そういった経験値を蓄積するためにも、まずは「負け切る」考え方をベースに成功と失敗の体験を積んでください。

目指せ！スマートラウンド

ティイングエリアがどこを向いているかチェックしよう

ティイングエリアやティマークをチェックすると、とんでもない方向を向いていることが多々あります。これに気づかずになんとなくティアップしてなんとなくスイングすると、ナイススイングなのに結果としてミスになるケースがあります。ティアップする前にティイングエリアの向きを確認し、惑わされないようにしましょう。

年間220ラウンドレッスンでよくきかれます

生徒さんからの質問

ドッグレッグや木がジャマでピンが見えないとき、どう攻めればいい？

あなたの答えはココにありますか？

1 ギリギリに狙いをとって球を曲げて狙ってみます

うまく曲げられれば乗せられるので、木の横ギリギリを通してボールを曲げて狙ってみます。

2 諦めて安全なところに刻みます

次のショットを考えて無理をせずに
安全なフェアウェイに出します。

3 木の脇を通すようにしてオーバーしないように打ちます

打ち出す方向も無理をせずに、
ホールを突き抜けない距離を打ちます。

狙いの基本は真っすぐ。「曲がればラッキー」と考えよう

ドッグレッグホールの内コーナーに打ってしまったときなど、距離的には届くのにピンが見えない、という状況はよくあります。タイガー・ウッズ選手のように大きく曲げてグリーンを狙えたらカッコいい場面ではあります。

こういう場面で、曲げるショットにトライするなとはいいません。でもまずは冷静に、自分の腕前でちゃんと球を曲げられるのかを生徒さんには考えてもらっています。

普段曲げる練習もしていないのに、ぶっつけ本番でやるのはさすがにリスクが大きく、大叩きの一番の原因になる状況といえます。

もちろん、フェアウェイに刻んで次のショットで勝負するほうが安全ですし、スコアメイクの上では賢い判断でしょう。そうやって淡々と、リスクの少ないショットを重ねていくほうが、精神的な〝波風〟も起こりにくいので、18ホール全体を考えても上策です。

でも打ち出し方向にOBや池、林や深いバンカーなどがなく、もし曲がらなくても次のショッ

トが安全に打てるなら、多少背伸びをしてトライするのも悪くはありません。コースでチャレンジし、成功体験を重ねなければ、曲げる技術は身につかないからです。

でもこのとき大事なのが、**ジャマになっている木の横ギリギリを通そうとしないこと。**

この状況では、手前の木に当てるのが最悪のミスになります。最低でも10Y程度は余分に横を向いて狙い、打ち出し方向が多少ズレても手前の木に絶対に当たることがないようなラインを確保してください。

そして**曲がらなくても奥に突き抜けない番手や距離のイメージを持つこと。**

球を曲げるのは、うまくいったときに多少グリーンに近づいてくれるという〝保険〟でしかありません。イメージどおりに曲がることを前提とせず、曲がらないことを前提に考えてください。

フックで狙うのか、スライスで狙うのかについては、基本的には「自分の持ち球方向」に限定したほうが安全でしょう。万一逆球が出てしまったら、大叩きが確定してしまいます。

さらにクラブの特性も考えてください。つかまりがいいショートアイアンなどでスライスさせようとしたり、球がつかまらないロングアイアンでフックさせようとするのは危険です。

もしこれらの条件を満たしているなら、積極的にチャレンジしてみるのもよい経験になります。

年間220ラウンドレッスンでよくきかれます

生徒さんからの質問

大きく打ち上げているグリーン、距離の増減でよく悩みます。どう判断してクラブを選べばいいですか？

あなたの答えは ココ にありますか？

1 打ち上げているぶん 1番手アップしています

土手に当たって転がり落ちることが多いので、
本来の距離よりも1番手上げて打ちます。

2 グリーンのある面に 上がればOKなので 番手は変えません

ピンには届かないかもしれないけど、グリーンのある
面には上がると思って距離どおりの番手で打ちます。

3 安全に2番手上げて 絶対届かせます

打ち上げ攻略は、ショートさせないように2番手上げて
打つようにします。

「10Yで1番手」と決めつけず弾道の高さを考えて番手を選ぼう

打ち上げや打ち下ろしのホールの番手選びは、プロでも悩む難題です。よく「10Y・1番手」などといわれ、高低差が10Yあれば1番手上げ下げするのが基本だと思われていますが、このような基準はほとんど参考にならないとラウンドレッスンでは説明しています。

たとえば、大きく打ち上げるグリーンでミドルアイアン以上の番手が必要なときはとくに注意が必要です。

ここで、打ち上げということで距離を稼ぐために1番手上げると、球の高さは低くなるのでキャリーが足りなくなってしまい、打ち上げの傾斜の中腹に当たってショートするケースが増えます。だからといって2番手上げると球はさらに低くなるので、同じように土手の手前に当たりさらに届かなくなってしまいます。

本来の距離の番手でそのまま打ったとしても、打ち上げのぶんトータル距離ではピンまで届きません。その意味でこんな状況では、このプレーヤーには、通常のショットではピンまで届かせられる番手選びは難しく、ピンに届かせるためには球の高さが必要になりますが、手前から転がしたりいくつかの方法はあっても、いずれも難しいショットといえます。

ただし２つめの答えのように、番手を変えずに本来の距離で打った場合、打ち上げていてもグリーンのある面に乗る可能性が十分にあります。ピンにはどうやっても届かないなら、ここではこれがほぼ唯一の選択肢ということになります。

ちなみにＳＷやＡＷなどのような高弾道の番手ならボールは垂直に近い角度で落下するので、多少の打ち上げ・打ち下ろしでは飛距離はほとんど変わりません。

いずれにしても、**打ち上げ・打ち下ろしでは、「10Y・1番手」などと決めつけずに番手ごとの弾道の高さを考慮することがとても大切**です。

目指せ！スマートラウンド

距離がわかっていてもクラブは複数本持っていく

最近はカートにGPSがついているせいで、ボール位置に行く前にだいたいの残り距離がわかる場合もあります。そんなときでも、極力複数本のクラブを持っていきましょう。なぜなら、ボール位置に行ってみたら意外にライが悪かったり、風の強さが変わったりすることもあります。そんなときに1本だけでは対処できません。

大きく打ち上げている場合の弾道

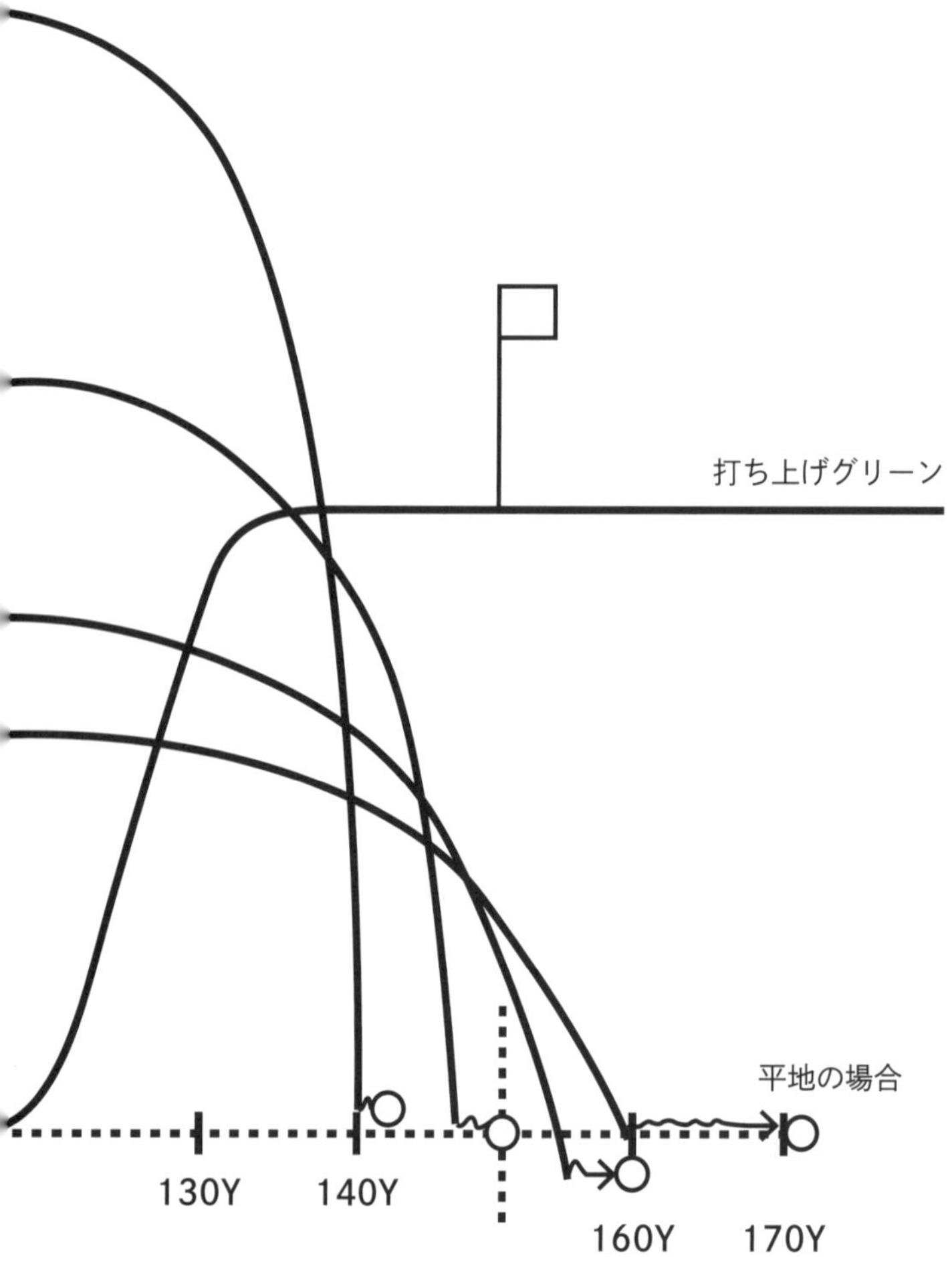

大きく打ち上げているグリーンに対して打っていく場合、**自分の番手ごとの弾道の高さを把握していないと、結果が大きく変わる場合があります。**

　この図のような状況では、5番や6番アイアンでは高さが足りずに砲台の壁面に当たってしまうので、打ち上げだからといって番手を上げても意味がありません。

　番手を上げても届かない状況もあり、むしろ番手を下げたほうが確実に段の上に届かせられる場合もあるということを知っておきましょう。

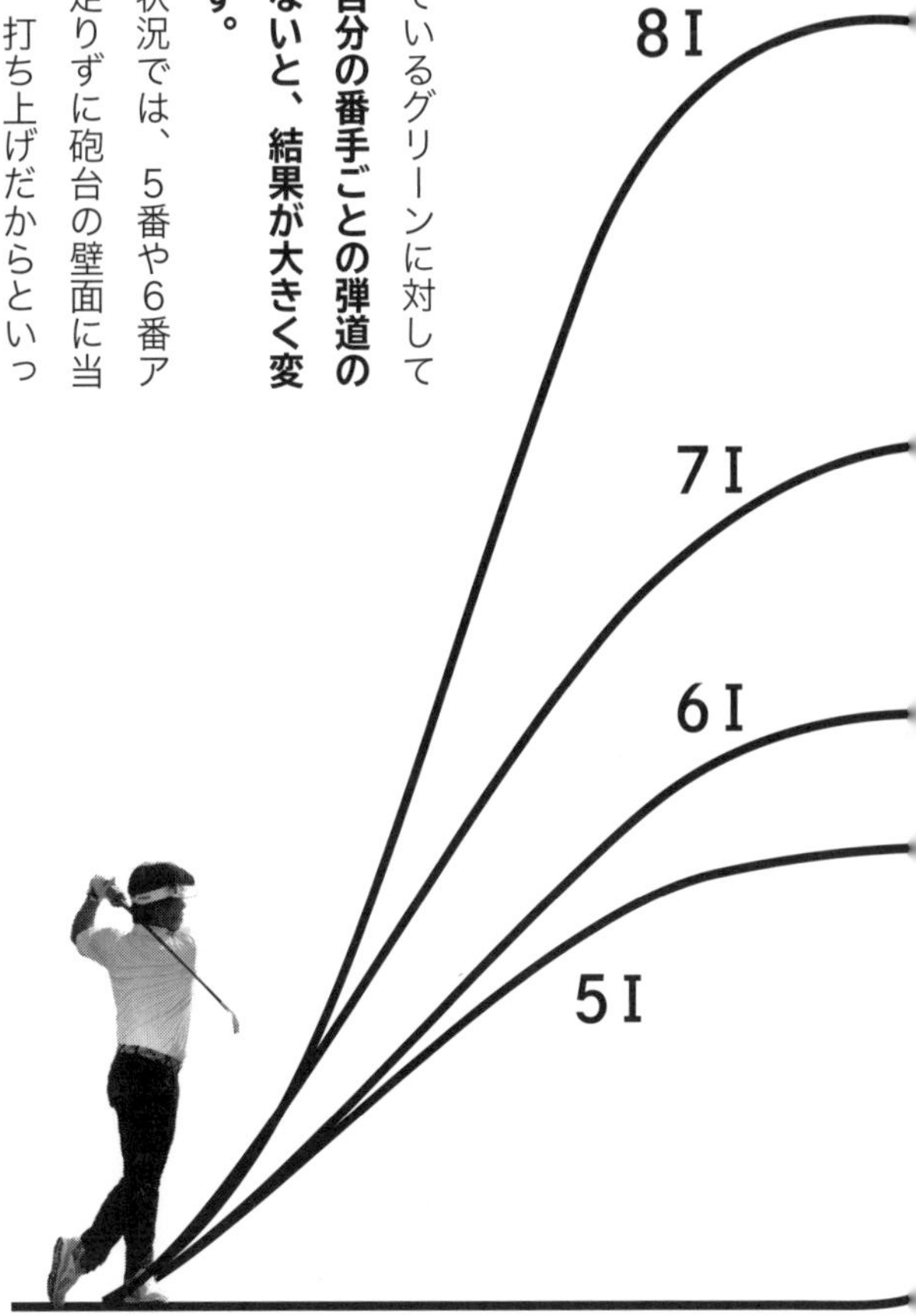

打ち上げでは、弾道の放物線が落下途中で途切れることを正しくイメージするのが重要。

年間220ラウンドレッスンでよくきかれます

生徒さんからの質問

池越えになるショット、落とさないコツはありますか？

あなたの答えは ココ にありますか？

1 気にしすぎるからミスをする。普通に打ちます

意識しすぎずに普段の番手でスイングすることを心がけます。

2 短く持ってミート重視！

クラブを短く持って、ミートを心がけたスイングでショットします。

3 オーバー覚悟で番手を上げます

池を越えることを優先して、番手を上げて打つようにします。

ストレスのないクラブ選択で「越えること」を優先させる

グリーンを狙うショットが池越えの緊張するシチュエーション。そんなときに限って、普段出ないような大ダフリをして池ポチャ、という経験は誰しもあるはずです。

では、池に落とさないようにするにはどうすればいいか。

でもその前に、**池を越えるのにそこから何Yキャリーが必要か、ちゃんと測っていますか？**まずはレーザー計測器等で距離を測ってください。もしくはカートについているナビを見ればわかります。このひと手間をかけずに闇雲に池を意識しても、始まりません。

池越えでグリーンを狙うような状況の多くは、池を越えてからグリーンエッジまで結構な距離があります。ピンまでの距離を基準にしたら、40～50Yショートしても池は越えるというケースも多いと思います。こんな場合は、必要以上に意識せずに、その池に落とす可能性が合理的に見てどのくらいあるか考えれば、無視していいケースも多くあります。

それでも怖い人は、**クラブを短く持って、ミート率重視でスイングしましょう。**場面によっては距離は気にせず1番手下げてもいいでしょう。そのほうがミート率は上がって大きなミスは減ります。

「番手を下げたら届かないから」と、番手を上げたうえに短く持つような中途半端な選択は避けてください。そもそも手前の池を意識している状況で、欲張って「乗せたい、寄せたい」と考えるのはトラブルの始まりです。**越えさえすればOKと割り切ってください。**池越えの距離を測って、意外と池とグリーンとの幅が狭い場合は、番手を上げてオーバーを覚悟して打つ選択もあります。この場合でも「オーバーしたら次が難しい」などと結果を気にすると、スイングがゆるんでダフるケースも少なくありません。**「オーバーでもいい」ではなく「絶対にオーバーさせる」くらいの覚悟が必要**です。

　いずれにしても、まずは池までの距離、池からグリーンまでの距離、グリーンエッジからピンまでの距離といった情報を正しくインプットしなければ対策は立てられません。正しい情報があれば、池のプレシャーも意外と少なくすみます。

目指せ! スマートラウンド

ウェッジでのティショットはティアップ不要

距離が短く、PW以下でティショットできるような短いパー3では、ティアップせずに打つことをおすすめします。ウェッジのようなロフトの多いクラブをティアップして打つと、ヘッドがボールの下をくぐってフェースの上部に当たるケースが多々あります。ティアップしなくてもライはいいので、直接置いて打ちましょう。

年間220ラウンドレッスンでよくきかれます

生徒さんからの質問

左足下がりの傾斜地を どう打てばいいか 忘れてしまうんです

あなたの答えは ココ にありますか？

1 なるべく普段どおり、自然にスイングしてます

傾斜地にあることをあまり意識せずに
普段どおりのスイングで狙います。

2 傾斜なりに立って、当てることに集中します

傾斜に逆らわず斜面なりに立ち、手打ちのイメージで
軸ブレしないようにスイング。
ヘッドをボールに当てることだけ考えます。

3 スタンスを狭めて1番手下げ、斜面なりに振ります

球を上げようとしないで、コンパクトなトップから
斜面なりに低くフォローを出して振ります。

普段どおりのナイスショットを求めないことが重要

左足下がりは、４種類の傾斜のなかでも難しい場所の1つです。しかし、それは普段どおりの球を打とうとした場合。「まずまず」の結果でいいと思うなら、実はそうでもなく、少し当たりが悪くてもボールは前に転がって、ある程度の距離が出やすいライでもあるのです。

まず大前提として、**ナイスショットを求めないこと**です。仮にうまくコンタクトできても、ロフトが立つぶん普段のような球の高さは出ませんし、ボールは止まりにくくなります。

「まずまず」の結果を求めるなら、当てることを最優先した手打ちのスイングでいいんです。斜面なりに立って、軸がブレないようにスイングします。これならひどいダフリにはなりにくいですし、多少当たりが悪くても直進性のあるボールは曲がりも少なくすみます。

もう少しうまく打ちたいなら、スタンスを狭めて、スリークォーターで打ちましょう。コンパクトなトップから、斜面なりにフォローを低く出し、ライナーを打つイメージです。飛距離は多少落ちますが、傾斜でロフトが立ちランも増えるのでグリーンの近くまで届きやすくなります。

コレで
ラウンドでの判断力は
即身につく!!

ゴルフ脳トレ

第3章

アプローチ

年間220ラウンドレッスンでよくきかれます

生徒さんからの質問

アプローチショットはショートなどのミスが多いのですが対策はありますか？

あなたの答えはココにありますか？

1 グリーンを二等分して、ピンが切ってあるエリアに狙いを絞ります

グリーンを大きく前後に分けて考えて、
ピンが切ってあるエリアを狙って打ちます。

2 普段使っているウェッジでセンター狙い

いつもアプローチに使っているウェッジで
センターまでの距離を打ちます。

3 計測した距離を打つことに集中するだけ

どんな状況でも距離を計測してアプローチしています。

「ピンに寄せる」よりも、自分の腕前に応じた「エリアに乗せる」ことが優先課題

今回挙がった3つの考え方は、実はどれも正解です。3つの選択肢ともしっかりとした根拠に基づいたいい判断だと思います。

ただし、自分の腕前に応じた範囲内で、ということが前提条件です。

ピン位置がグリーンの前後左右に寄っている場合、グリーンを2等分してピン側のエリアに乗せておけば、最低でも2パットのボギー、あわよくば1パットでパーのチャンスを残せます。**アプローチにおいて、グリーンの面積の半分を狙うほうが簡単と思える腕前の人には、この考え方をおすすめします。**

その自信がない人が「寄せる」ことを期待しすぎるとミスになりやすい。始まりはティショットや2打目のミスから残ってしまった中途半端なアプローチなので、そこを謙虚に受け止めて「乗ればＯＫ」と割り切ってください。アマチュアの多くはこの割り切りができず、ミスを取り返そうとアプローチで欲を出してしまうせいで3打目すら乗らず、次も寄せられずに4オン3パ

ットなどの大叩きでリズムを崩してしまいます。

アプローチに自信のない人は、普段アプローチで使う安心して打てるウェッジで、無理せずグリーンセンターまでの距離を打ってください。そうすれば基本的にはボギーを計算でき、最悪でも3オン3パットのダボには収まるはずです。これは、ピン位置が端であっても基本的に同じ。余計な「アレンジ」を加えて寄せようとするのがミスの元です。

ちなみに**その日最初のアプローチなら、距離計で測った距離を信じて、その距離を打ち切るというのも1つの方法**です。あえてピン位置や状況よりも「決めた距離」を振り切ることで、「決めた距離をきちんと打てたか」といったチェックを行います。

この結果を受けて、今日一日の判断材料にします。

また、決めた距離を集中して打てるので、余計なゆるみや力が出ずに振り抜けるというメリットもあります。

目指せ！スマートラウンド

コース全体で風向きを把握しよう

ボール地点では右からの風を感じるのに、ピンフラッグは逆にゆれていることもあります。こういうときは、その日の風向きをコース全体に当てはめて、基本的な風向きをチェックしておきましょう。地形のせいで局地的に「風が巻く」ことはありますが、基本の風向きさえ確認しておけば、惑わされることは減るはずです。

中途半端な距離のアプローチ

40～50Ｙのアプローチは、グリーン周りのアプローチより振り幅も大きく、フルショットではない中途半端な振り幅のスイングになるので距離感を出しにくく、意外に苦手な距離になっている方も多いと思います。この「中途半端」という言葉が示すとおり、**このくらいの距離はゆるみやすいので注意が必要**です。

ゆるみの最大の原因は何かというと、「飛んでしまいそう」という恐怖心。バックスイングが大きくなることが原因でスイングはゆるみやすくなります。50Ｙくらいの距離というのは、フルスイングまではいかなくても多少の振り幅が必要なので無意識にバックスイングが大きくなりやすく、結果的にインパクトで加減しようとしてゆるむことが原因でミスをしています。

これを防ぐには、**スイングに「飛ばない要素」を持たせて、気持ちよくスイングしても50Ｙしか飛ばないようにする方法がシンプル**です。

具体的にはグリップを短く持つことと、スタンスを狭くすること。これによって、振り幅は普段の「気持ちいい振り幅」でも飛距離が抑えられるので、ゆるむことはなくなります。気持ちよく振ったときに何Ｙ飛ぶのか、それに対してどこを調節すれば何Ｙ抑えられるのか、自分で見つけてみましょう。

“気持ちいい振り幅”のスイング

グリップを短く持つ

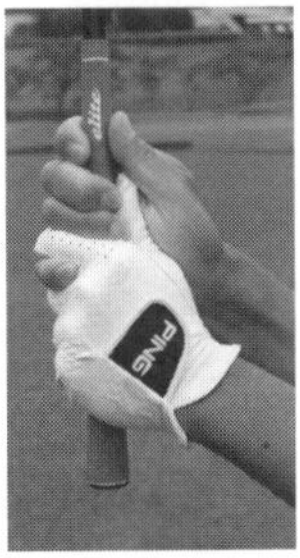

グリップを短く持つことでクラブのエネルギーを小さくする。これだけで7～8Yの距離が落とせる。短く持つぶん、ボールとの距離が近くなり、クラブの軌道もアップライトになる。

スタンスを狭くする

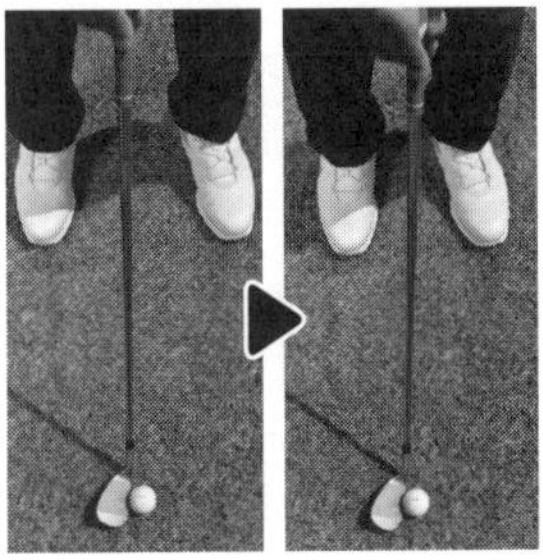

スタンスを普段よりも靴1足ぶんくらい狭くすることで体の運動量が小さくなり、自然とスイングアークも小さくなって飛距離が7～8Y落ちる。

アレンジ

組み合わせれば球質も操れる

長・狭→高い球

クラブを長く持ってスタンスを狭めると、ヘッドの運動量が増えて球が上がりやすい。

短・広→低い球

スタンスが広いままクラブを短く持てば、クラブの運動量が抑えられ、低い球が打ちやすい。

年間220ラウンドレッスンでよくきかれます

生徒さんからの質問

花道からのアプローチ、必ずチャンスにつける方法はありますか？

あなたの答えは ココ にありますか？

1 グリーンにキャリーさせて寄せます

ピンの手前にキャリーさせるようにして寄せます。

2 パターで確実に乗せにいきます

ミスになりにくい安全なパターで乗せるようにします。

3 9番アイアンの転がしで安全に打ちます

9番アイアンで手前から転がして、距離感だけに集中して打ちます。

ここは「チャンス」か「ピンチ」か。ミスまで考慮した判断をする

グリーンエッジすぐの花道で、ピン位置もエッジから近くの絶好のポジションですが、芝が薄くて、アプローチが苦手な人にとってはザックリが怖い状況になります。こういう場面では、自分のアプローチの腕前と危険回避を考えて、打ち方をチョイスしなければなりません。

ＳＷでのアプローチに自信がある人なら、１つめの答えのようにシンプルに「チャンス」と考えて、ピン手前に落として寄せワンを狙えばいい状況です。「あわよくばチップイン」もあり得るので、ＳＷで積極的にピンを狙ってもよい状況といえます。

しかし問題になるのは、アプローチに不安がある人の場合。たしかに「チャンス」なのは間違いありませんが、普段からミスしがちな人にとっては、ザックリして次も寄らず、パターが入らずでここから４打かかるリスクもありますし、トップしがちな人にとってはＳＷでは大叩きの可能性もあります。

そう考えると、２つめの答えのようにここを隠れた「ピンチ」と見て安全にパターで打ってお

けば、グリーンを外すこともなくなって、うまくいけば寄せワン、悪くても３打には収まるはずです。

このケースではこれからの上達を考えると、**「ピンチ」の要因は極力なくして、「チャンス」と考えられるようにする状況ごとのクラブ選択**も必要です。

そうなると、９番アイアンやＰＷで転がし寄せるという３つめの選択肢も出てきます。

ロフトの立ったクラブなら、多少ダフリ気味でもボールが前に飛ぶので、ピンに寄らないまでもカラーくらいまでは運べますし、振り幅も抑えられるのでトップ気味に入っても大きなオーバーはありません。仮にそういったミスをしても、それは経験として今後に生かされるという意味でも、リスクの少ない挑戦は決して無駄にはなりません。ラウンドレッスンではこのようなこともよく説明していきます。

目指せ！スマートラウンド

14本のクラブを十分に活用していますか？

ゴルフクラブは、ルール上14本しかバッグに入れられません。そのなかに、使わない・使えないクラブが入っているのはとてももったいない。普段のラウンドで、ほとんど使っていないクラブや使うことに抵抗のあるクラブはありませんか？　あるならそれを抜いて、ウェッジやUTを増やすなど「使うクラブ」を増やしましょう。

基本中の基本、転がしのテクニック

転がしのアプローチは、寄せのテクニックの基本中の基本ですが、普段ピッチ&ランで何気なくアプローチしているアマチュアには結構苦手としている人が多く、ちゃんと転がし切れずにショートしてしまったり、トップやザックリなどのミスをしてしまう人も目立ちます。

転がすときには、まずしっかり番手を上げること。

普段ＳＷの人は最低でもＰＷ。普段ＡＷを使っている人は9番や8番などのアイアンでもいいので、2番手以上上げて、打ち出しや球の高さ、転がりのイメージを変えます。

そしてクラブを短く持ってボールに近く立ち、パターのような感覚でボール側面をヒットします。8番アイアンであってもロフトがあるので、パターのようにヒットしても多少ボールが浮いてキャリーします。それを自分で球を拾って上げようとするとダフリやトップが出やすくなります。

必要以上にボールを右に置く必要はありません。

球の高さを抑えたいなら番手を上げればいいので、ボール位置は普段どおりでよく、シンプルに余計な小細工をせずにスイングしましょう。

POINT2 短く持つ

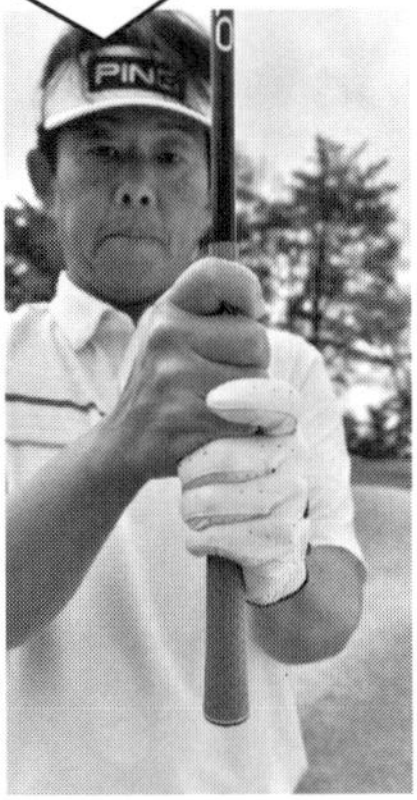

グリップの真ん中を持つくらい短く握る。パターと同じ握りにしてパターのように振るのも有効。

POINT1 番手を上げる

普段より２番手以上大きな番手を持つことで、打ち出しや球の高さのイメージがガラリと変わり、転がすイメージが湧きやすい。

手首を使わずヘッドを低く動かす

手首のコックを抑え、腕とクラブを一体化させてショルダーストロークのようにスイング。バックスイングでもヘッドを持ち上げず、低く動かしてボールを側面からとらえる。

ボールに近く立ってパターのように打つ

ボールに近く立ち、クラブを吊るように持つ。普段よりも直線的なストロークをイメージし、パターのように打とう。

年間220ラウンドレッスンでよくきかれます

生徒さんからの質問

バンカー越えのアプローチ、絶対ミスしない方法ってあるんですか?

あなたの答えはココにありますか？

1 「バンカーを越せる距離」をゆるまずに打ちます

何Yでバンカーを越えるかをしっかり確認して、
その距離を確実に出せるように、注意して打ちます。

2 ピンまでを見据えてしっかり届かせます

ピンにしっかりキャリーさせられればバンカーは
関係ないので、ピンだけを見て届かせるように
高い球を打っていきます。

3 グリーン奥までに収まるように狙います

グリーン奥までの距離をチェックして、
最低限その幅に収まるように気をつけながら、
余裕を持って打っていきます。

欲張ってピンを見ないこと。グリーン奥までの距離を基準にすべし

バンカー越えを苦手にしている人は「寄せよう」「上げて止めよう」などという欲を出さずに、どこでもいいからグリーンに乗せることを最優先に考えてください。**バンカー越えで出るダフリなどのミスの多くは、「球を上げよう」という意識によって起こります。**

そして池越え同様、**バンカーを越えるまでに必要な距離、グリーンエッジまでの距離、ピンまでの距離をしっかり把握してください。**実はバンカーを越えてからグリーンまで意外に距離があるケースも多く、そういう場合は神経質になりすぎないことも大切です。

バンカーの先までの距離やピンまでの距離にこだわってしまうと、バンカー越えに必要な距離と、打つ際にイメージする距離との差が小さくなって、プレッシャーにつながったりして少しのミスでバンカーに落としてしまうようなことが生じます。

そこで、**グリーン奥までの距離も測っておくのがポイント**です。「その距離までは打っても大丈夫」という安心感を持って狙うことで、大きなミスを防ぐ効果が期待できます。

コレで
ラウンドでの判断力は
即身につく!!

ゴルフ脳トレ

第4章

パット

年間220ラウンドレッスンでよくきかれます

生徒さんからの質問

スタートホールの長めのファーストパット、カップに寄せる抜群な方法ありますか?

あなたの答えはココにありますか？

1 「プロライン」を狙って厚めに読む

そうそう入る距離ではないけれど、もし入らなくても「プロライン」に外せるように厚めに読んでしっかり打ちます！

2 タッチだけ合わせてとりあえず寄せる

入れにいって大きく外すことだけは避けたいので、まずはタッチに集中。
カップ周りの直径1メートルくらいに収まればOKです。

3 入れるつもりでしっかり打ちます！

どんな距離でも、入れるつもりのないパットなんてあり得ない。ネバーアップ・ネバーインといいますし、絶対に届かせるように強めに打ちます！

入る確率の低いパットは「2打で入れる」意識を持つ

ここでは、コース上での最初のパットとしてご説明します。

一応練習グリーンでスピードは確認していますが、必ずしも練習グリーンとコースのグリーンが同じスピードとは限りませんし、自分の状態もまだ不確定。**朝の最初のパットは、グリーンと自分とを探り、タッチを確認する大事な機会だという側面を忘れてはいけません。**

そのうえで、自分が長いパットをカップインできる確率が何%あるか、冷静に考えてください。

正直なところ、よくて10回に1回程度のはず。そう考えたら、欲張ってこれを「入れにいく」というのはちょっと無謀で、大きくオーバーなんかしたら3パットの可能性も高くなる、非常にリスキーな判断だといえると思います。

5メートルを超えるような長いパットや切れるラインの場合は、ファーストパットはアプローチだとイメージして打ちましょう。運よく入ることはあっても、狙って入れにいくような1打ではなく、2パットで上がるための準備として、「寄せる」意識が最優先。

では「寄せる」パッティングでは何が大事か。「できるだけカップの近くに運ぶこと」だと考えているなら、それでは少し思考が足りません。

「寄せる」ために大事なのは、**「次のパットを入れやすいエリアを見つけておく」**ことなんです。すごく切れるカップ真横の1メートルと、カップ真下から真っすぐ上りの2メートルなら、後者のほうが入る確率は高いからです。

ファーストパットはカップに近ければいいというわけではなく、あくまで次のパットとセットで考えることが重要なんです。

目安は打つ距離の±10％、5メートルのパットならカップを中心とした直径1メートルの円内に置ければＯＫ。ラインの読みなんて大雑把でいいのでそのタッチに集中して打ちましょう。

カップから曲がりの上側をオーバーしていく「プロライン」をよしとし、下に垂れて遠ざかっていく「アマライン」を悪とする声もよく聞きますが、それはあくまで入れにいったパットがどう外れたかの結果論。最初から狙って打つようなことではありません。まして、プロラインに外すと次のパットは横のラインが残りますが、アマラインなら残るのは上りのライン。寄せるパッティングをするうえでは「プロライン」を狙うことに意味はないんです。

年間220ラウンドレッスンでよくきかれます

生徒さんからの質問

1メートル弱の短い距離だけどラインがどうしても読めない。こんなときの対応は？

あなたの答えはココにありますか？

1 どっちに切れるかわからないから「真っすぐ」！

どっちに切れるかわからないときは、逆に切れたらイヤなので、真っすぐ狙って真っすぐ打つのが一番安全です。

2 タッチを合わせることだけを考えます

どっちに切れるかわからないので、ライン読みは諦めてタッチだけを考えて打ちます。

3 いつもスライスかフックか決め打ちします

ラインが読めず迷ったけれど、わからないなりにどちらかに決めて、信じて打ちます。

わからないラインでも自分で決めてカップ内側を直線的に狙おう

「どっちに切れるかわからない」微妙なラインは、本当に難しい。こういうときは「真っすぐ打つ」というのがセオリーのように思われていますが、個人的にはあまりおすすめしません。

たしかにわかりにくいラインというのは、どちらかに切れたとしてもわずかですから、真ん中を狙っておいて少し切れてもなんとかカップインという「結果オーライ」を期待したくなる気持ちもわかります。

でも、ラインがわからないまま、それを放置して思考停止して打つというのは、後々のパッティングにいい影響はありません。

大事なのは、**ラインを読んで得た判断材料を吟味して、スライスかフックか「決めて打つ」**ことです。そのようにラウンドレッスンでは話しています。

逆に切れたら判断が間違っていたということですから、次のパッティングではそのフィードバックを元に修正すればいい。でも判断せずに打ったら、そこには何も残りません。入っても外しても、何の経験にもならないただの偶然ですから、上達にはつながりません。

ポイントは、カップを外さないようにカップの内側を直線的に狙ってしっかり打つこと。

念のためいっておきますが、「しっかり」はただ強く打つことではなく、決めた距離・振り幅をゆるめずに打ち切ることです。

外したときのために保険をかけてジャストタッチで狙う人は、ショートする傾向になりやすい。

カップの縁を狙っているつもりが、ラインを厚く読みすぎて外側に外すんです。

よく「読みすぎた！」といい訳する光景を目にしますが、カップを外すくらい曲がるラインなら、フックかスライスか悩むことはないので読み間違える心配もないはずです。

わかりにくいラインを読むコツは、ラインの横からグリーンの色を見ること。

遅いグリーンは黒っぽく、速いグリーンは白っぽく見えるものなので、たとえばラインを右側から見て白く見えれば右から左に速いということになり、フックするのではないかという推測ができます。仮に読み間違ったとしても、その結果を次のパットに生かせばいいので、決してムダにはなりません。この積み重ねこそがパット巧者への道です。

年間220ラウンドレッスンでよくきかれます

生徒さんからの質問

長い距離を3パットしたくない！正しい対処法はありますか？

あなたの答えはココにありますか？

1 どんな距離でも、もちろん入れにいきます

そうそう入る距離ではないけれど、確率はゼロではないので、どんな距離でもラッキーはあると思って入れにいきます。

2 3パットは絶対避けたいのでOKの範囲に寄せたい

1パットは無理でも、2パットめを安心して打てるところへ寄せることに集中して打ちます。

3 長い距離なら半径2メートルの円を狙います

ロングパットなので、結果は考えず、カップを中心とした半径2メートルくらいの円内狙いで打ちます。

「3パットを避ける」ことよりも「2パットの確率を上げる」ことを考える

大きなグリーンの端っこだけどなんとか2オン。そうそう入る距離ではないけれど、入れてしまえばバーディなのも確かです。

でも20メートル以上もあるような超ロングパットの場合、客観的に考えて、これが入ると思いますか？　もちろん確率はゼロではありませんが、過去を振り返って、この距離からカップインさせたことが何度あるでしょうか。**これを「バーディチャンス」と思っているなら、実際は「ボギーピンチ」なんだと認識を改めるべきです。**

1つめの答えのように、この距離からカップしか見ずに「入れにいく」パッティングをしようとしたら、ほとんどの場合距離感なんて消え失せてしまいます。その結果、グリーンからこぼれるような大オーバーの可能性も十分にあります。

しかし2つめの答えのように、3パットを嫌がるあまり、できる限りカップに寄せて確実にパーを取りたいなんて欲張ると、今度はオーバーを嫌がって7～8メートルもショートするようなパットになりがちです。またどちらの場合も、取り返そうとすればば4パットの危険性もあります。

基本的に知っておいてもらいたいのは、**20メートル以上のパットを5割以上2パットで切り抜けたら、相当のパター巧者だということです。**

この距離であれば3パットは「仕方ない」範囲の結果。基本的には「3パットしない」ことではなく**「2パットの可能性を高める」ことを優先すべき。**そのために大事なのはやはり距離感なんです。ロングパットは、カップまでの距離に対して前後10%、トータルで20%の範囲内に寄せることに集中しましょう。

仮に20メートルなら、手前2メートルから奥2メートルまで合計で4メートルの幅があります。ここに収めれば次は2メートル以下のパーパット。必ず入るとはいえませんが、可能性は十分。もし外しても十分「ナイスボギー」の範疇《はんちゅう》です。3パットを全部避けるなんてアマチュアには無理。うまく付き合っていきましょう。

目指せ!スマートラウンド

カップ周りの芝は踏まないのがマナー

グリーン上ではスパイクマークをつけない配慮が必要ですが、とくにカップ周囲の芝には注意しましょう。多くの人が集まるカップ周りは荒れやすく、無闇に踏むと芝が荒れて転がりが悪くなります。カップインしたボールを拾う際も、最低でもカップ周りの半径シューズ1足ぶんのエリアは踏まないように気をつけるのがマナーです。

年間220ラウンドレッスンでよくきかれます

生徒さんからの質問

2段グリーンってどうやって打てばいいの？

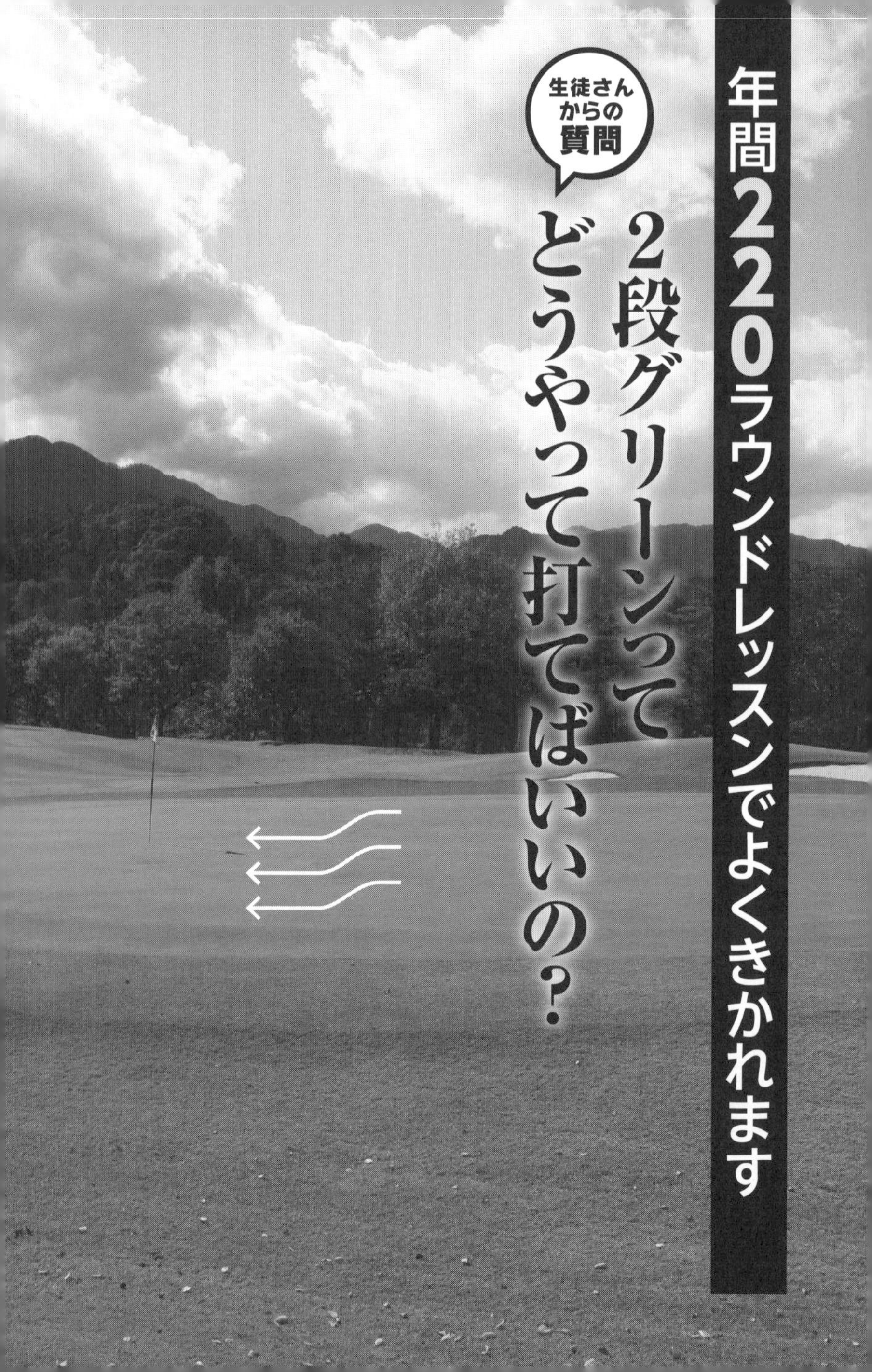

あなたの答えはココにありますか?

1 カップと同じ段まで打つことに集中！

次のパットをカップと同じ面から打てるように、ファーストパットはとにかく段差を越すことだけを考えます。

2 絶対ショートしないように打ちます

段差をクリアするのにカップをオーバーさせるタッチで強めに打ちます。

3 なだらかな1枚の斜面だと思って打ちます

ボールとカップの高低差だけを考えて、なだらかな1枚の傾斜だと思ってパッティングします。

頭の中で段差を「溶かして」起伏のない一面にイメージする

まず絶対に避けてほしいのは、「なんとか段差だけはクリアしたい」と、段差の縁だけを見て打つこと。とくに上の段から下の段に打つ際は、「段差まで打てば」という思いや、「打ちすぎるとグリーンを出てしまう」という恐怖感からついギリギリに打ちがちですが、これは本当に危険です。その点、絶対にカップオーバーさせるように強く打てば、最低でも段差はクリアできて次はカップと同じ面から打てます。これなら3パットはあっても4パットはしないでしょう。

実は2段グリーンでいいタッチで打つにはコツがあります。それは「傾斜を溶かす」ことです。結局のところ、ボールの転がりはボール位置とカップまでのトータルの高低差が重要になります。そこに集中するために、段差を意識の中で消してしまい、ボールからカップまでを直線で結んで、起伏のない1枚の斜面だと仮定してタッチを考えるのです。

ポイントは、少し距離を取って遠めの横からラインを読むこと。ボールとカップを結ぶ真っすぐな線を想像して、段差を「溶かして」しまいましょう。

第5章

ハザード、トラブル、ホールアウト後の練習

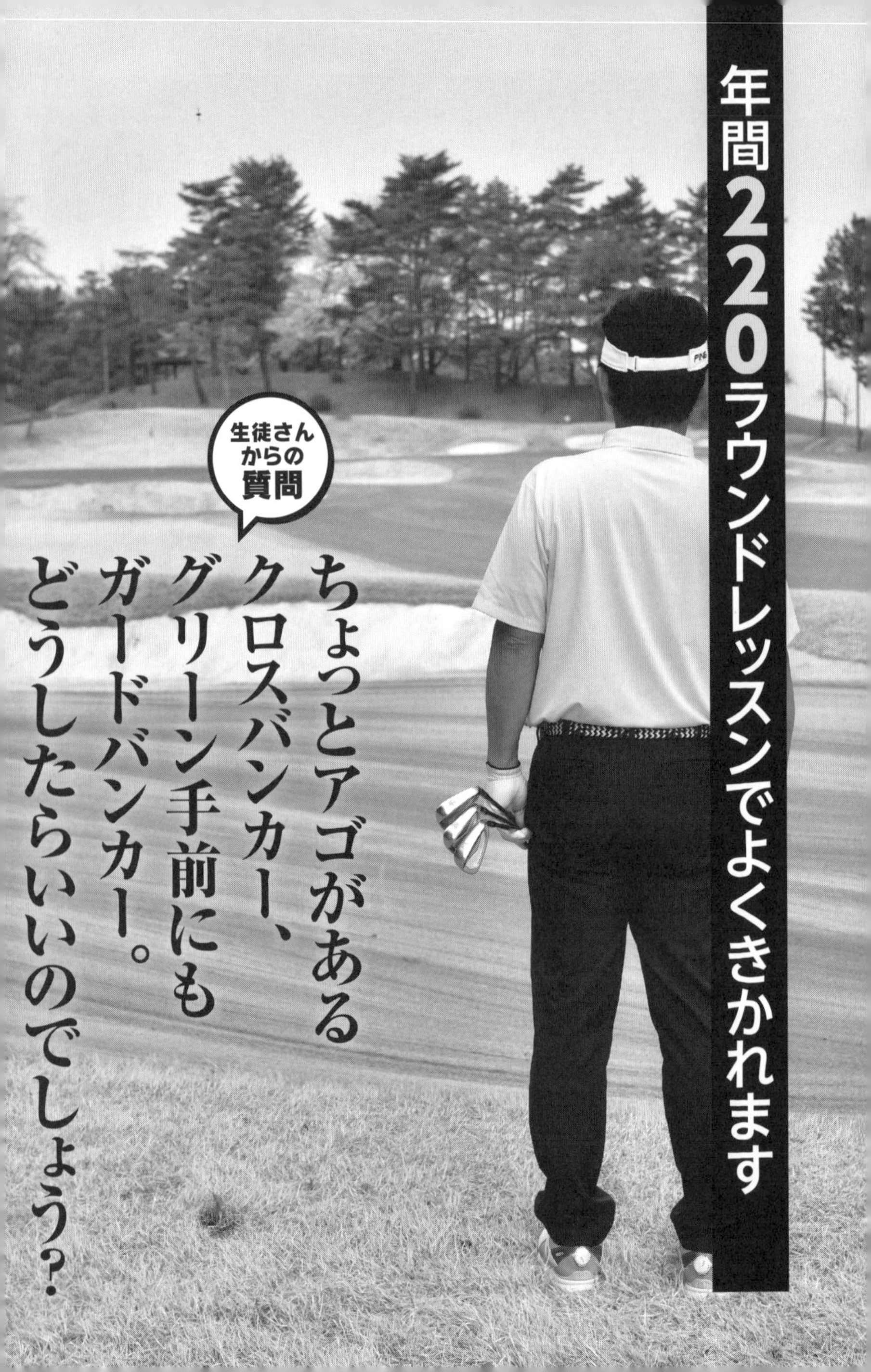

年間220ラウンドレッスンでよくきかれます

生徒さんからの質問

ちょっとアゴがあるクロスバンカー、グリーン手前にもガードバンカー。どうしたらいいのでしょう?

あなたの答えはココにありますか？

1 届くクラブでクリーンに打つ

グリーンに届くクラブで打っても、うまく当たればアゴもクリアできるはずなので、ピッタリの距離の番手で狙っていきます。

2 アゴが心配なので番手を下げて脱出優先

アゴに当たったらイヤなので、アゴは確実に越える番手まで下げて脱出最優先で打っていきます。

3 ウェッジで、次のハザードに入らないように刻みます

先のバンカーには絶対に入らないようにウェッジでグリーンに当てることだけに専念します。

ピンまでの距離よりも先に アゴを確実にクリアできる番手を考える

クロスバンカーから打つとき、1つめの答えのように、まず最初にピンまでの距離を考えるのはアマチュアの悪いクセです。これはクロスバンカーに限りませんが、**トラブルのときに最初にピンまでの距離を考える人は、脱出ミスの確率が高いはず**です。

ここで最初に考えるべきは、どの番手ならアゴを確実にクリアできるか。

ポイントは、**ハーフトップ気味でも確実にアゴに当たらない打ち出し角を得られる番手は何かを考えること。**それが番手選択の基準になります。ダフってもトップしても脱出はできますし、うまく打てれば、グリーンオンは無理でも近くまで運べるので、そこからパーを拾える可能性も十分あります。

このとき、**「ナイスショットすればクリアできる番手」と考えるのは危険。**プレッシャーのかかるクロスバンカーから、練習場のようにナイスショットできる可能性がどのくらいありますか？ ましてアゴがギリギリだと思うと、どうしてもスイングもアッパー気味になりやすいですから、ミスの確率はさらに上がるはずです。

　ギリギリの番手でトップして、アゴに当ててもう一度バンカーから打つハメになるのは最悪の結果。この状況でそのリスクを無視してチャレンジするのは、スコアメイクが難しくなります。

　さらにこの状況では、ガードバンカー越えにもなっているので、そこを絶対に避けることも必要です。その場合、2つめの答えの場合も、方向には注意が必要ですし、思い切ってウェッジなどのバンカーに届かない番手まで下げるのも現実的な判断です。

　番手を大きく下げる場合は、飛ばす必要もないし方向もアバウトでいいので、とにかく絶対にダフらないように「クリーンに当てる」ことに集中しましょう。ここでカツンというクリーンなコンタクトの感触を経験しておくことで、刻んだ次の3打目のショットにもこのクリーンなインパクトのイメージを持ったまま臨めるので、ナイスショットの確率を上げる効果が期待できます。

目指せ！スマートラウンド

「絶対入れない」の「絶対」を中途半端にしない

　バンカーが苦手という人でも、バンカーを「絶対に避ける」という強い意志でプレーできている人は少ないように思います。本当にバンカーが苦手なら、残り100Yからでも刻むくらいの、徹底的な回避をしてはじめて「絶対に」避けたことになります。バンカーで大叩きする人は、一度このレベルで徹底的に避けてみましょう。

クロスバンカーの打ち方

「普通に打てば大丈夫」なはずのクロスバンカーですが、やはり多くのアマチュアが苦手にしています。なぜなら、「普通に打ったとき」にダフっていることが多いため、芝の上ではごまかせてもクロスバンカーではそれが大ダフリに直結してしまうからです。

とはいえ実際は、プロでも少し保険をかけてクリーンにインパクトできるようにして打つ場合がほとんどです。普段からダフりがちなアマチュアは、ぜひクリーンに当てるコツを知っておいて、ダフりたくないクロスバンカーで活用してください。

ポイントは6対4くらいの左足体重をキープしてスイングすること。ダフリの原因のほとんどは右に体重が残ること。体重移動をしない意識で、左軸でしっかり振り切るスイングをしましょう。アドレス時に腰を少し左にスライドさせて左のカベに「当てる」イメージで立ち、その体重配分をキープしてスイングするのがコツです。

これだけで十分ダウンブローのインパクトが作れますので、スイングで上から打ち込む必要はありません。むしろ、少しゆるやかな入射角をイメージしてボールを横からとらえたほうが、ミスになりにくいんです。ただし、ボールを拾うようなインパクトにならないよう、ハンドファーストでインパクトするのは絶対条件です。

ADDRESS

腰を左に当てて目線を低くする

真っすぐ立った状態から腰を少し左にスライドさせて構える。これだけで左体重になるので、そこから体重移動せずにスイングすればクリーンにヒットしやすい。

左体重のまましっかり回転する

左体重をキープし左軸でコンパクトにスイング。大振りすると体重移動が生じてダフリやすい。インパクト後も体の回転を止めず、正面から見て右肩と右腰が左足の真上にくるまで回り切ることが大事。

ハンドファーストでボールをとらえる

ボールを上げたいと思うとハンドレートになってダフリやすい。左体重のままハンドファーストにクリーンに当てることを意識しよう。ハンドファーストさえ維持できていれば上から打ち込む必要はない。

年間220ラウンドレッスンでよくきかれます

生徒さんからの質問

ナイスショットが不運にもディボット跡に。どう打つのがベターですか？

あなたの答えは
ココにありますか?

1 いつも上からガツンと打ち込んでいます

ディボット跡に入っている球をクリーンに打つためには、ボールを右足寄りに置いて鋭角に入れます。

2 余計なことは考えず、普段どおりに!

ディボット跡といっても、ボールが埋まっているわけじゃないので「普段どおり」に打っていきます。

3 ボールの赤道を打つイメージで

ボールの赤道部分にリーディングエッジが入ればOKなので、払い打ちでボールを拾う感じです。

ディボット跡から打つときは「払い打ち」が効果的

ナイスショットだったのに、ボール地点に行ってみたらディボット跡。これはかなりがっかりしますが、ディボット跡からの打ち方は、勘違いしがちなので注意してください。

多くの人が1つめの答えのように、**ディボット跡は「上から打ち込む」のが正解だと思っているようですが、実はそうではありません。**

ディボット跡といっても、目《め》土《つち》された砂の上にボールが乗っている状態がほとんど。目土の砂にボールが埋まっていたり、目土されていない穴にスポッと入ってしまっているようなことは少なく、実は意外とヘッドの入る部分は残っています。これなら、クロスバンカーとほぼ同じ。しかもアゴはありませんから、かなり薄めのトップだってそこそこの結果が出るライなんです。

鋭角に入れればたしかに高弾道でスピンのきいた球が打てますが、少しでも手前に入ったらリーディングエッジが刺さってダフリます。

どんな状況でもキレイにボールにコンタクトできるスイングの精度がある人ならいいですが、

普通のアマチュアにとっては確率の低いナイスショットを狙って、ダフリの確率を上げてしまうだけです。

ではどうすればいいか。本当は、**ボールがディボット跡の縁にくっついてさえいなければ、「普段どおり」のスイングでもだいたい大丈夫。**ただし、ディボット跡から「普通に打て」といわれても、いろいろ気になってなかなかできないものです。

そこで3つめの答えのように、**入射角をゆるやかにして払い打ちのイメージがおすすめ**です。ディボット跡でも、意外とボールの赤道より下にはスペースが開いています。そこに横からリーディングエッジを入れてやる。いいところに入ってうまくボールを拾えればスピンも入りますし、かなり薄めに入ってもボールはそこそこ浮いてくれて、ちゃんとボールは飛びます。つまり、**ナイスとミスの差を小さくできます。欲張らず、「トップでOK」と思って打てば、意外にいい結果が出る打ち方です。**

目指せ！スマートラウンド

短い番手ほど風の影響を強く受ける

同じ風速でも、番手によって受ける風の影響は違います。短い番手ほど、球が高くて滞空時間が長いうえバックスピン量も多いので、風の影響をより強く受けます。ですので、風の強さが変わらないからといって、いつも「1番手」などと決めつけずに、弾道の高さや質も考慮して臨機応変に対処することがとても重要です。

絶対スコアアップ!! LESSON 9

ディボット跡からうまく打つ

ボールがフェアウェイのディボット跡に入ってしまうのは、不運ではありますが、決してめずらしいことではありません。しっかりと受け止めて割り切り、リカバリーすることが大事です。

ボールがディボット跡の前の縁にくっついている場合は、普通に打つとその縁にボールがぶつかって弾道が乱れるので、ある程度の打ち出し角を確保しなければうまく脱出できませんがあくまでレアケース。この場合は上から打ち込んでボールを浮かせなければなりませんが、これは相当なトラブルショットで、難度も高い打ち方です。

ほとんどの場合は、ボールが沈んでいるといってもヘッドを入れるスペースもボールが抜けていくスペースもあるので、ハーフトップのような当たりでも問題ありません。むしろ、**ボールの赤道より下にリーディングエッジを入れることだけを考えて払い打ったほうがミスの許容範囲も広いし、安全にボールを前に運ぶことができるのです。**

ポイントはヘッドを地面に押しつけずに、クラブの重さを感じながらスイングすること。そのためには腕とクラブが胸の上に乗っているようなアドレスを作り、そのまま横から払い打つようにスイングしましょう。打ち込む感覚は捨て、ちょっとリリースを早めるくらいのイメージがあってもいいでしょう。

ADDRESS

ボールを上から覗き込むように立つ

クラブを胸の前に立てた状態からクラブの重さを感じながら腕を下ろし、胸の上に腕が乗っている状態を作る。ここから腕と体の関係を崩さずに前傾して構えよう。ボールを上から覗き込むような感じ。

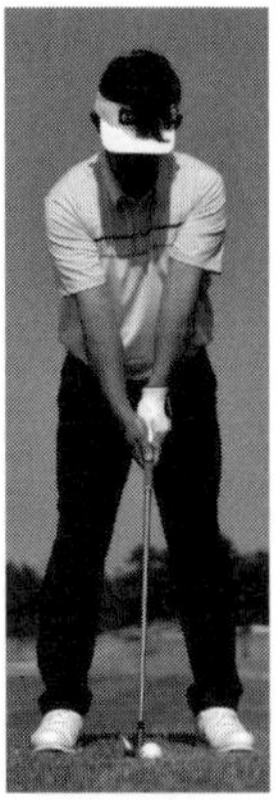

アドレスで作った「Y」の形を維持し、手元を体の正面にキープしたまま体の回転でスイング。少しリリースを早めにし、ボールを横から払い打つイメージ。

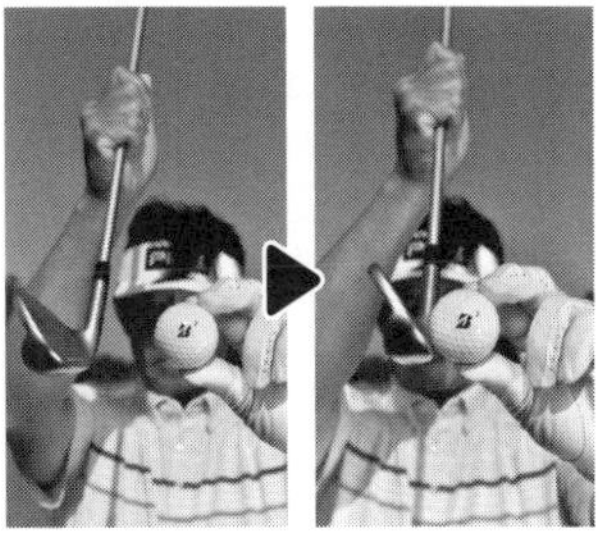

ボールの赤道の下にリーディングエッジを横から入れる

リーディングエッジがボールの赤道の少し下に当たるように横から入れていく。これで十分球は浮いてくれる。

年間220ラウンドレッスンでよくきかれます

生徒さんからの質問

林からの脱出ショットは安全第一？それともギャンブルもあり？

あなたの答えは ココ にありますか?

1 ピンが見えるなら チャレンジ一択！

木と木の間にグリーンが見えるなら、決してやさしくはないけど狙ってみます。

2 少しでもピンに近づく方向へ 打つのが正解です

割と広い空間があって、グリーンに近づけるところに出せるのなら、グリーンに近いラインを狙います。

3 絶対安全に真横に出します

技術に関係なく、100%安全な真横のフェアウェイに出します。

「ギャンブル」は1ホール1回まで。「カードを切るのはいまなのか？」を自問しよう

ティショットを曲げてしまい林の中へ。木が比較的まばらなので、ピンも見えるし、前方斜めにも比較的広い空間があると誘惑が多い状況になります。

わかっていると思いますが、1つめの答えのようにここからピンを狙うのは無謀な判断といえます。いくらピンが見えるとはいえ、ティショットを曲げてここにいる人が、狭い木と木の間を狙ってグリーンまで運べると考えるのは明らかな過信です。「3割くらいはうまくいく気がする」なんて思っているなら、実際のショットでは失敗して大叩きの原因になります。

2つめの斜め前方の比較的広い空間を狙う選択肢は、自分本来の技術なら「7～8割は成功する」、と思えるならやってみてもいいでしょう。

ただし、**その判断を下す前に、ここまでの自分のラウンドを振り返ってください。**たとえばアイアンショットは好調で方向のズレが少ないと感じているならトライしてもいいと思いますが、「行けるはずだけど、なんだか嫌な予感がする」のであれば、それはやめておくほうが得策です。

ゴルフにおける「ギャンブル」は、その1打だけを考えて行ってはダメなんです。ミスをした場合でもバーディを狙う場合でも、**どんな状況であれ、1ホールでのなかでギャンブルの機会は1回まで、とラウンドレッスンで教えています。**ギャンブルする場合は、そのカードを切るのがいまでいいのか次の機会を待つべきなのか、冷静に考えることがとても大事です。

そう考えると、林の中からイヤな予感のする2打目に賭けるよりも、2打目は安全に横に出しておいて次のフェアウェイから打てる3打目に賭けたほうが勝ち目が大きいし、仮に負けたとしても、ダメージは小さいと思いませんか？　わざわざ確率が低いうえ、失敗した場合のリスクも高い場面でギャンブルするのは明らかに不利です。

「挑戦してみようかな」という誘惑が頭をよぎったときは、そのギャンブルは「いまが最適か？」を自分に問いかけてみてください。

目指せ！ スマートラウンド

ティイングエリアは平らだとは限らない

ティイングエリアは何もない平らなライだと思い込んでいる人が多いようですが、実は意外に傾斜があって平らでないケースも多いです。ティアップする前に傾斜をチェックして、なるべく平らなところにティアップしましょう。もちろん、傾斜を利用して球のつかまりや高さを意識的にコントロールするのもありです。

林脱出のために〝真っすぐ〟打つ

林の中から脱出する際、欲張って狭いところから出そうとするのは危険ですが、広いところを狙っているつもりなのに意図せず木にぶつけてしまう人も多くいます。

林から確実に脱出するためには、「狙ったところに正確に真っすぐ打ち出す」とまではいかなくとも、ある程度の誤差の範囲内で狙ったゾーンに打ち出す技術は必要です。

そのための条件は、まずなんといっても**大振りしないこと。**クラブを短く握り狭いスタンスで小さく構え、アプローチの延長でコンパクトに振ること。左肩からクラブヘッドまでが一直線な状態をキープし、下半身をグラつかせずに力まず振り子のようにスイングしましょう。

ボールの高さを抑えたいという意識からボール位置を極端に右寄りにする人がいますが、これは方向性を損ないやすいので、ボール位置は真ん中よりもちょっと右くらいまでにして、高さを抑えるには番手を上げることで対応します。ライが悪いなど、クリーンに打つためにボール位置を右にした場合は、バックスイングで手元が右に流れないように注意してスイングしましょう。

方向性を安定させるコツは、右のかかとを浮かせたままスイングするのも有効です。これで下半身が左体重のまま固定されるので、方向も安定し、ダフリなどのミスも出にくくなります。

ADDRESS

左肩からヘッドまでを一直線にして構える

スタンスを狭くし、クラブを短く持つ。左足体重で、左肩からヘッドまでが一直線。両腕とクラブが正面から見て小文字の「ｙ」の形になるように構えよう。

左肩からヘッドまでの１本の線を保ち、左肩を支点とした振り子のイメージでスイング。手首は使わず、体重移動も抑えてコンパクトに振ろう。

５メートル先の２メートルの幅なら簡単に通せるはず

プレッシャーさえなければ、５メートル先の２メートルの幅の隙間なら通せるはず。必要以上に真っすぐを気にせず基本の動きを実行できるように集中しよう。

ダフリ防止策

ダフリ防止として右かかとを浮かせたままスイングするのも有効

年間220ラウンドレッスンでよくきかれます

生徒さんからの質問

目玉で大叩き。無理なく脱出できるポイントを教えてください

あなたの答えはココにありますか?

1 フェースをかぶせて思い切り打つ

目玉の基本に忠実に、フェースをかぶせて力いっぱい大量の砂を取るつもりで打っていきます。

2 フェースを開いて、とにかくヘッドを深く入れる

フェースを開いてバウンスをきかせ、ヘッドを砂深く入れて打ちます。

3 打ち方がわからないので普通に打つ

目玉の打ち方がわからないので、
普通のバンカーショットで脱出を試みます。

目玉のライはフェースを開いて打ったほうがうまく出せることが多い

バンカーショットは練習していないから苦手なのに、ボールが目玉になっていたらもう絶望的と思ってしまうアマチュアは多いと思います。目玉のバンカーショットを練習したことがある人はほとんどいないでしょう。

我々プロゴルファーは、練習でさまざまなライからいろんな打ち方を試し、それを実際にコースで実行して経験を積んでいます。量と質の差はあれ、アマチュアだってこういう練習は必要です。大叩きをしないゴルファーになるためには、「目玉」に限らずこういうトラブルにどうやって対処するかの引き出しをたくさん持っていることがとても大事なんです。

さて、実際の対処法ですが、1つめの答えのように「フェースをかぶせて打ち込む」というレッスンはよく聞きます。この方法は、力がなくてもヘッドを深く入れやすい反面、ロフトが立って球が上がらず前に飛び、スピンも全然入らないので、アゴのないところからとにかく出すことはできても、本当に「出すだけ」になってしまいます。

目玉のようにボールが埋まっていると、フェースを開いたらソールのバウンスがききすぎて、ヘッドが砂に深く入らないと思われがちですが、実はそうでもないんです。

しっかりフェースを開いてヒール側から砂に入れていけば、意外とヘッドは深く潜ります。そして深いラフから打ったときのようにネック側の砂の抵抗でフェースが自然に閉じながら潜っていくので、ボールの下でバウンスがきき、刺さらずにヘッドが抜けていきます。

その結果、ちゃんと砂が飛んで、距離は出ないしスピン量も減りますが、普通のバンカーショットに近い感じで脱出できるようになります。

目玉といっても、ボール周辺の砂が凹んでいるクレーター状のライだと、飛ばせる砂の絶対量が少なくフェースを開いて打つのは難しいのでかぶせて打つ方法をおすすめしますが、**普通に埋まっている目玉は、フェースを開いたほうがいい場合もあります。**

目指せ！スマートラウンド

ホールアウトしたらまずカートに乗ろう

乗用カートのセルフプレーでは、グリーン上でスコアカードを記入したり、クラブをバッグにしまうのに時間がかかって、ホールアウト後カートが発車するまでに時間がかかっているのをよく見かけますが、これはスロープレーの典型例です。まずはクラブを持ったままカートに乗り、早く次の組にグリーンを空けるようにしましょう。

年間220ラウンドレッスンでよくきかれます

生徒さんからの質問

ラフからのショットがいつもうまく打てません。何か間違っているのでしょうか？

あなたの答えはココにありますか？

1 芝に負けないように上からガツン！

ラフは芝の抵抗が強いので、負けないように鋭角に打ち込んでしっかりヒットさせています。

2 横からサラッと払うように打ちます

打ち込むとフェースの上っ面に当たりそうなので、横から払い打ちのイメージで振っています。

3 距離が落ちるから番手を上げます

ラフは芝の抵抗で距離が落ちるぶんを計算して、番手を上げて普通に打ちます。

ラフは上から打ち込まず「払い打ち」が基本戦術

ラフの判断というのはプロにとっても難しく、経験値が必要になります。スピンが減って飛びすぎるフライヤーが起こることもあれば、抵抗に負けて球が浮き切らずドロップしてしまうこともあります。

ですので一概に「こう打て」とはいいにくいのですが、**まず目安として、芝の葉先がボールの赤道よりも上まできているか、赤道よりも下にあるかをチェック**しましょう。

葉先が赤道よりも下なら、スピン量は減ってランが増えたりしますが、芝の影響は受けにくいのである程度の距離が打てると考えていいでしょう。ただしロングアイアンなどのロフトが立っている番手では、この「飛ばなくなる」境界線がさらにシビアになって、葉先が赤道よりちょっと下でも飛ばなくなるケースがありますし、それはヘッドスピードが遅い人ほど起こりやすくなるので注意は必要です。

また**ボールが芝の中にスッポリと埋まっているような場合は、普段どおりに打つのは無理なの**

で、トラブルと考えて脱出優先に切り替え、ウェッジなどで打つ必要があります。

芝の葉先が赤道より上にあって、しかもスッポリと埋まっているほどではない場合、ベストな判断は**払い打ち**です。

芝の抵抗が強いからといって上から打ち込みすぎると、ヘッドが深く入ってボールがフェースの上のほうに当たり、飛ばないミスになってしまいます。

払い打ちならそのミスが起こりにくく、ボールをうまく拾って打てる可能性が高まります。芝の抵抗でキャリーは減りますが、スピンが減るぶんランが増えて、結局トータルで同じくらい飛んでくれたりもします。

飛距離が落ちるからといって番手を上げるのは基本的にNG。番手を上げればロフトが立って芝の抵抗が増しますし、打ち出し角が低くなってドロップのリスクもより高まります。普段の番手で「カラーまで打てれば上々」というのがラフの基本戦術です。

目指せ！スマートラウンド

暫定球は逆球を打つ覚悟で打とう

ミスショットしてOBしたとき、暫定球を「ミスの幅を抑えよう」と思って打っていませんか？　フェースが大きく開いてスライスし右にOBしたとしたら、次のショットは「フェースの開き度合いを抑える」のではなく、「フェースを閉じて当ててフックさせる」くらい極端に変えて打たなければ、本当の意味での修正にはなりません。

年間220ラウンドレッスンでよくきかれます

生徒さんからの質問

グリーンまで遠いバンカーショット、うまく打ちたいんですが手順があるのでしょうか？

あなたの答えはココにありますか？

1 SWでクリーンに打ちます

バンカーでも、SWでアプローチのようにクリーンに打って届かせます。

2 9番アイアンのエクスプロージョンで打ちます

9番アイアンくらいの番手でフェースを開いて普通のバンカーショットのように打ちます。

3 SWのエクスプロージョンで横に出すだけ

グリーンまで届かないのでSWのエクスプロージョンで横に出します。

アゴさえ高くなければ、クリーンに。番手を上げてエクスプロージョンも有効

サブグリーンのバンカーやダブルバンカーの手前側など、グリーンから遠い位置にあるバンカーは、入れてはいけないハザードの最上位。プロでも難しい状況です。

一般的なアマチュアの場合、ＳＷでのエクスプロージョンショットではせいぜい30Ｙが限界です。それよりも距離を打たなければならない状況では、何らかの工夫が必要です。

1つは、**アプローチと同じようにボールをクリーンに打つ方法**があります。ボールは真ん中くらいにセットして、普段のアプローチと同じようにスイングします。ボールが少しでも沈んでいたら難しいのでライがいいことが条件ですが、うまく打てれば距離も高さも出せるしスピンもかかる。ホームランの心配がないのも安心要因です。

ただしほんのちょっとでも砂を噛んだらアウト。大ダフリになるので、ショートしてもう一度バンカーに落ちてしまうリスクがない場合限定の選択肢です。

バンカーのアゴが低くて、しかもグリーン手前にハザードなどがない状況で手前からランを使

って攻められるなら、**番手を上げてエクスプロージョン**するという方法もあります。

30～40Yくらいの距離ならPWなど、50Yもあるような場合は9番アイアンくらいまで番手を上げて、少しフェースを開いてバウンスをきかせ、通常のバンカーショットのように砂を飛ばしてみましょう。

このとき大事なのは、**普段のバンカーショットのように高さが出て止まる球をイメージしないこと。**ロフトが立っているぶん、低く出て転がるピッチ＆ランのような球になることを忘れないでください。グリーン手前に落ちて、転がして乗せる狙い方になります。

番手を上げたことやホームランの危険にビビッてゆるめると大きなミスになるので、勇気を持ってしっかり振り切るようにしてください。

このどちらの条件も当てはまらないときは、諦めて横に出しましょう。どの打ち方を選ぶ場合でも、バンカーから一度で脱出することを優先します。無理は禁物です。

目指せ！スマートラウンド

逆光時のショットは体が止まりやすい

太陽に向かって打たなければならない逆光の状況でのショットは、目標やボールが見えにくいだけでなく、まぶしくて目標方向を向きたくないという心理が働き、体が止まりやすく、プッシュや引っかけが出やすい状況です。フィニッシュまでしっかり振り切ることを意識してスイングしましょう。また、サングラスを着用するのも有効です。

年間220ラウンドレッスンでよくきかれます

生徒さんからの質問

アプローチの距離感がどうしても合わない。修正の仕方はありますか？

あなたの答えはココにありますか？

1 落とし所をちょっと微調整

落ちてからの転がりがイメージと合っていないので、落としどころをちょっと前後に変更して打ちます。

2 普段よりも短く持って近く立つ

転がりのイメージが合わない場合、クラブをちょっと短く持ってボールに近く立ちます。

3 ランニングアプローチに切り替えます

PW以上の番手を選んでボールを右に置き、ランニングアプローチに切り替えます。

イメージが合わないなら打ち方や番手を変える

今日ここまでラウンドしてきて、グリーンのスピードに馴染めないのか、転がりのイメージが合わず、アプローチの距離感が合わない。この距離感のズレをなんとかしたいときみなさんはどうしますか？

転がりのイメージが合わないわけですから、そのズレに応じてイメージよりも落としどころを前後に調節して、キャリーとランの比率を変更して考えるのは有効です。

しかしこういう対処法はインパクトがゆるんだりパンチが入るミスも出がち。距離感のコントロールに自信がある上級者なら問題ありませんが、アプローチが苦手という人は避けたほうがいいかもしれません。

そこで、同じイメージ、同じスイングで打って、結果だけが変わるようにする方法もあります。たとえば２つめの答えのように、**ちょっとクラブを短く持ち、ボールの近くに立って、普段と同じようにアプローチする方法**です。こうするとクラブのエネルギーが小さくなるので、同じ感覚で打っても少しだけ飛ばなくなります。

これまでザックリやトップなどの打ち方のミスが出ておらず、「うまく打てているのに寄らない」ような日は、こうやって打ち方を変えてしまうのも有効なんです。

使う番手を変え、あえて寄せ方のイメージをガラリと変えてしまうのもアリです。ＡＷのピッチ＆ランで寄らないなら、ＰＷ以上の番手（９番など）で転がす。ＳＷで突っ込んでしまってもＯＫ。イメージ自体を変えてしまうんです。

これは、**ラウンド中に変なミスが立て続けに出てしまったときなどに気分を一新する場合にも有効**です。ベタピンを狙ってザックリが怖い打ち方をするよりも、寄らないかもしれないけれど安全な打ち方を選ぶことで、悪いイメージを払拭できる場合もあります。こういったバリエーションを増やす工夫を普段からしておくことがアプローチ巧者への道です。ラウンドレッスンでもよく話します。

目指せ！スマートラウンド

グリップの汚れはスイングに関係

グリップは手入れをせずに放っておくと汚れてツルツルになってきます。滑りやすいのを放置すると力みの原因にもなるので、定期的に掃除しましょう。ひどく汚れたグリップも、中性洗剤を含ませた雑巾でよくこすると、ピカピカに生まれ変わります。それでもダメな場合やすり減ってきたグリップは、新品に交換しましょう。

年間220ラウンドレッスンでよくきかれます

生徒さんからの質問

疲れも出る上がり3ホール。残りのホールをどう攻めればいいですか？

あなたの答えはココにありますか？

1 全部パーで上がれるように攻めます

集中して全部パーを狙うのがゴルフ!
力をふりしぼってガンガン狙っていきます。

2 欲張らず、全部ボギーのつもりで回ります

目の前の1打に集中して、すべてボギー狙いが
安全ゴルフの真髄です。

3 集中してパーを1つ取ります!

欲はかかず、基本は残りホールはボギー狙いですが、
あわよくばどこか1ホールでパーを取れるように
頑張ります。

残り3ホールのプランニングはよくラウンドレッスンで教えます

私はラウンドレッスン中、生徒さんたちにはつねに現状のスコアを意識させます。「スコアを意識しちゃうとダメなんです」なんていう人が多いですが、**スコアは意識せずに出せなければ意味がない。**集中してプレーした結果でベストスコアになるケースもありますが、それは上級者レベルの話です。

「ホールアウトするまでリーダーズボードを見ない」というツアープロはいますが、順位はほかの選手と相対的な結果。自分のスコアはそれではダメなんです。

もし、残り3ホールをパープレーで上がればベストスコアだとしても欲張りは禁物。そんな過去最高のベストプレーを残り3ホールに期待することは、あまりにも危険で1日のプレーを台なしにしてしまうかもしれません。実際にここまでノーボギーでプレーしてるならそれもいいでしょう。でもボギーペースでゴルフをしている人がそれをできると思っているなら、確実に残りの3ホールでスコアを崩します。

ではここまでボギーペースだから残りも全部ボギーでいいかというと、それもまた消極的です。「目の前の1打に集中」は、実はマネジメントがあいまいになりやすいんです。ここまでボギーペースできたならもちろんそれが基準でいいんですが、どこかでひと勝負仕掛けたい。

そういう場合は、**ボギーを守るマネジメントをベースにしつつ、残り3ホールのどこかに勝負どころを設定して、プレーにメリハリをつけましょう。**その結果全部ボギーでもＯＫだし、失敗して1つダボがきても仕方ない。**スコアを意識してアクションを起こすことに価値があります。**

どこかでパーを狙うなら、基本はスコアカードの「ＨＤＣＰ」欄を見て難度の低いホールや自分の得意なホールで勝負を仕掛けることになりますが、個人的には**パー3で勝負するのがおすすめです。**

パー3は、ナイスショットでオンさせるか、外してもナイスアプローチでベタピン、さらには寄らなくてもナイスパットのどれか1つのナイスプレーでパーがあり得るんです。

いずれにしても、ここまでの自分のプレーを振り返り、無謀な挑戦でベストを求めるのではなく、実現可能な範囲でベターな結果を想定し、それを実行するための工夫をします。

スコアメイクにはこういう能力も必要なので、その絶好の機会である残り3ホール、16番ティではぜひ一度スコアカードを見直してプランニングをしましょう。

年間220ラウンドレッスンでよくきかれます

生徒さんからの質問

ホールアウト後の練習ってそんなに大切なんですか？

あなたの答えはココにありますか?

1 疲れた状態で練習しても意味がないので帰ります

いま練習してもコンディションがよくないので、
プレー当日は練習せずに帰ります。

2 コースの練習場で1カゴ打って帰ります

クーリングダウンも兼ねて、クラブを3〜4本持って
1カゴ打って、気になるところを確認してから帰ります。

3 練習場経由で、ミスしたところを直しておきたい

直したいところがあるので、帰りにいつもの練習場に
寄って、100球くらいは打ち込んでから帰宅します。

1カゴでいいから〝反省〟して当てる動作をリセットしておきたい

アマチュアゴルファーは、ホールアウト後に1球も球を打たずに帰ってしまう人がほとんどだと思いますが、これは本当にもったいない！　**ラウンド後の球打ちは、練習という意味でも、スイングのリセットという意味でもとても重要**なので、そこまでが1日のゴルフだと思って、必ずラウンドレッスンでは練習してもらっています。

コースで1日ラウンドすると、どうしても「当てる」動きが染みついてしまい振り抜きが悪くなるもの。これをラウンド後にリセットしておかないと意外と体に残るので、少しずつスイングが崩れていきます。私は生徒さんにはこの作業を冗談で**「除霊」**なんて呼んでいますが、結構重要な「締め」の作業なんです。

コースの練習場で、ほんの1カゴでいいので、ぜひやってみてください。

練習に使うのは9、6番アイアンとドライバーくらいでOK。9番などの短いアイアンで体の動きを再確認し、6番くらいの長めのアイアンで弾道をチェックする。そしてドライバーで「振り切る」ことを思い出せればリセット完了です。

もちろん、その日の問題点を見直す練習もいいのですが、ここで張り切って１００球も打ち込んで悪癖を直そうとするのはあまりいい練習とはいえません。とくにドリルなんかに精を出すのは逆効果で、できれば1ポイントくらいに絞って「なるほど、今日はこうなっていたか」という感覚の部分で確認をして、次への宿題を見つけておくくらいがいいでしょう。

逆にヘトヘトになるまで打ち込んでしまうのもアリです。疲れるまで打ち込めば、「スイング体力」が養われますし、力の入れどころ、抜きどころを感じられるようになる。ニュートラルな軸を感じながらスイングの芯を作る効果があります。実際、私の生徒さんたちのなかには、ラウンドレッスン後にこういう練習を特訓として行ったりしています。もしコースに芝から打てるアプローチ練習場やバンカー練習場があるなら、今日気づいたことのおさらいをするのにとても有効です。いずれにしても何もせずに帰ってしまうのは非常にもったいないです。

目指せ！ スマートラウンド

ホールアウトしたらクラブを掃除しよう

ホールアウト後、そのままバッグを持ち帰って、次のラウンドや練習時まで触らない人がいます。コースのスタッフさんがざっとフェースを拭くくらいのことはしてくれますが、ホールアウト後は、ぜひ自分でクラブを掃除しましょう。グリップやシャフトを拭き、フェースの溝やソールを掃除する。クラブへの愛着はこうやって育まれるんです。

絶対スコアアップ!! LESSON 11

リセットするための3つの練習

ホールアウト後には、ラウンド中に蓄積されたその日の悪い感覚を消去する〝リセット〟練習が必須です。球数は少なくていいので、9番アイアン、6番アイアン、ドライバーの3本を使って、しっかりスイングをリセットしましょう。

まず**9番アイアンでは、トップで2秒間停止し、そこから反動をつけずにダウンスイングして球を打つ練習**をしましょう。これは、ラウンド中にどうしても生じがちな「体を揺さぶる動き」を消去する効果があります。

次に**6番アイアンで、狭いスタンスでスイングする練習**です。ラウンドしていると、クラブと体のエネルギー比率が体のほうに偏りがちになります。スタンスを狭くして体が力まずにクラブに振られるイメージでスイングすることで、ヘッドが走る感覚やクラブの力で球をつかまえる感覚を呼び覚ますことができます。

最後は**ドライバーでフィニッシュを意識してスイング**します。ラウンドしていると、球に「当てる」ことに意識が行ってスイングが振り切れなくなりがちです。バックスイングでの「1」の運動量に対してダウンスイング〜フィニッシュがちゃんと「2」になるように、右肩、右腰をしっかり目標方向に押し込むスイングをしましょう。

9I　トップで２秒間停止するスイング
→体を揺さぶる動きを消去

トップで２秒間停止し、反動をつけずに静かにダウンスイングして球を打つ。切り返しで体を揺さぶってその反動でダウンスイングする動きを消去する。

6I　狭いスタンスでスイング
→クラブに振られる感覚を取り戻す

スタンスを極端に狭くして体の動きを抑制し、体の運動量に対してクラブの運動量が大きくなるようなスイングをする。クラブが仕事をする感覚が呼び覚まされる。

ドライバー　フィニッシュを意識したスイング
→当てにいく動きを消す

ラウンド中は、「当てる」意識が強くなっていき、「振り切る」感覚が弱まっていく。フィニッシュを意識してドライバーを振ることで、「振り切る」感覚を取り戻しておこう。

バックスイングで 90 度回った体は、フィニッシュまでに180度回る。

おわりに

みなさんが選んだ選択肢に対する解説は、スコアアップに役立つものでしたか？

生徒さんたちからの質問に対するよく聞く生徒さんたちの答えの例のなかには、「絶対にＮＧ」なものもありましたが、多くのケースでは必ずしも「これが正解」という唯一無二の答えがあるわけではありません。同じ選択肢でも、腕前や球筋によってある人にとっては適切であったものが別の人にとっては不適切に一転する場合もありますし、選択肢として例示した以外の判断もあり得ます。また、現在のスコアなどの状況によっては、セオリーでは推奨できない低確率のギャンブルを選ぶことが正解といえる場合さえあり得ます。

その意味では本書は、正解を見つけるクイズというよりも、よい判断を導き出すプロセスを学んでもらう事例集という性格の強いものです。したがって、３つの回答例それぞれに、なぜその判断が適切なのか、あるいは不適切なのか、背景に隠れた根拠を推理しながら読んでいただけると、より本質に近づけるのではないかと思います。

本書で例示したものとまったく同じ条件にコースで出会うことはないでしょうし、仮に近い状況があったとしても、プレーヤーの腕前や目標、さらには天候やコースコンディション、調子やプレーの流れなどが違えば、異なった判断が求められます。

しかし、本書からマネジメントの基本的な判断方法を学んでいただければ、コースで出会うさまざまな状況で、適切な判断を下せるゴルファーになれるはずです。

なおマネジメントによって得られる恩恵の多くは、**ベストスコアをアップさせることよりも、ワーストスコアの底上げ**に役立ちます。しかし「ゴルフが上達する」ことの本質は、実はそこにこそあります。

マネジメントの本質に気づくことで、その点が実感できるようになれば、みなさんのゴルフは新たなステージに上がれることと思います。

末筆になりますが、本書の出版にご協力くださった河出書房新社の稲村光信さん、構成者の鈴木康介さん、編集の菊池企画の菊池真さんに厚く御礼申し上げたいと思います。ありがとうございました。

令和5年6月　小野寺 誠

小野寺 誠（おのでら　まこと）

◆プロフィール

１９７０年生まれ。東京都出身。16歳で渡米して最新スイング論を学ぶ。21歳で帰国し、１９９６年にプロ入り。トーナメントに出場する一方で、一般アマチュアからトップアマ、ツアープロまで幅広くコーチングを展開。世界のトッププレーヤーのスイング分析にも定評があるうえに、過去９０００人を超すアマチュアを指導した経験などから多くの講演を行い、ゴルフＴＶ番組にも出演。年間２２０以上のラウンドレッスンをこなしている。

著書は『ラウンドレッスン日本一のプロが教える「ゴルフ脳」』『ラウンドレッスン日本一のプロが教える「スコアの答え」』『１００を2度と叩かないゴルフレッスン』（以上主婦の友社）など多数。

実戦《じっせん》での判断力《はんだんりょく》がバツグンに身《み》につく
ゴルフ脳《のう》トレ
年間２２０!!ラウンドレッスンNO．1プロの思考法

二〇二三年九月二〇日　初版印刷
二〇二三年九月三〇日　初版発行

著　者……小野寺誠
発行者……小野寺優
発行所……株式会社河出書房新社
〒一五一－〇〇五一　東京都渋谷区千駄ヶ谷二－三二－二
電話〇三－三四〇四－一二〇一（営業）〇三－三四〇四－八六一一（編集）
https://www.kawade.co.jp/

構成……鈴木康介
写真……有原裕昌
カバーイラスト……A子
ブックデザイン・組版……原沢もも
編集……菊池企画
企画プロデュース……菊池 真

印刷・製本……三松堂株式会社

Printed in Japan　ISBN978-4-309-29336-3